Impressum
Verlag: BABADADA GmbH, Nedderfeld 112 , 22529 Hamburg
Geschäftsführer / Verlagsleitung: Harald Hof
Druck: Books on Demand GmbH, In de Tarpen 42, 22848 Norderstedt

Imprint
Publisher: BABADADA GmbH, Nedderfeld 112 , 22529 Hamburg, Germany
Managing Director / Publishing direction: Harald Hof
Print: Books on Demand GmbH, In de Tarpen 42, 22848 Norderstedt

mokykla
ilé-ìwé

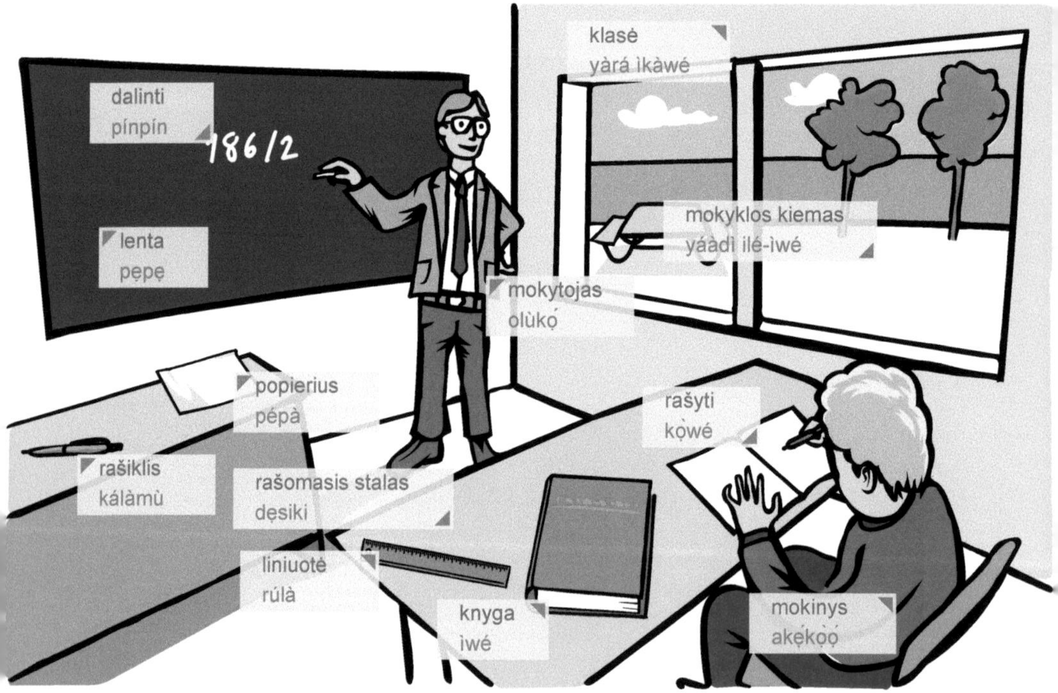
klasė
yàrá ìkàwé
dalinti
pínpín
186/2
lenta
pẹpẹ
mokyklos kiemas
yáàdì ilé-ìwé
mokytojas
olùkọ́
popierius
pépà
rašyti
kọ̀wé
rašiklis
kálámù
rašomasis stalas
dẹsiki
liniuotė
rúlà
knyga
ìwé
mokinys
akẹ́kọ̀ọ́

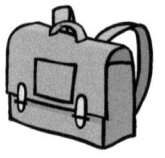

kuprinė

ọ̀rá

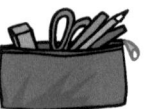

penalas

àpò pẹnsuru

pieštukas

pẹnsuru

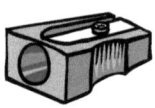

drožtukas

olùgbẹ́ pẹnsuru

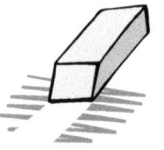

trintukas

rọ́bà

piešimo bloknotas

bọ́tìnnì yíyàwòrán

piešinys

yíyàròwán

teptukas

burọsi ọdà

dažų dėžutė

àpótí ọdà

žirklės

sisọsi

klijai

gúlù

vadovėlis

ìwé ìsẹ́

namų darbai

isẹ́ àmúrelé

12

numeris

nọ́mbà

2+2

pridėti

àfikún

5-2

atimti

àyọkúrò

2×2

dauginti

ìsọdipúpọ̀

skaičiuoti

sírò

A

raidė

lẹ́tà

ABCDEFG
HIJKLMN
OPQRSTU
VWXYZ

abėcėlė

alábídí

hello

žodis

ọ̀rọ̀ sísọ

tekstas
ọ̀rọ̀ kíkọ

skaityti
kàwé

kreida
ṣọ́ọ̀kì

pamoka
ikẹ́kọ̀ọ́

dienynas
forúkọsílẹ̀

egzaminas
ìdánwo

pažymėjimas
ìwé-ẹ̀rí

mokyklinė uniforma
aṣọ ilé-ìwé

išsilavinimas
ẹ̀kọ́

enciklopedija
ìwé ìmọ̀

universitetas
yunifasiti

mikroskopas
ẹ̀rọ gbohùngbohùn

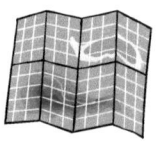

žemėlapis
àwòrán àgbáyé

šiukšliadėžė
agbọ̀n ìdalẹ̀nù

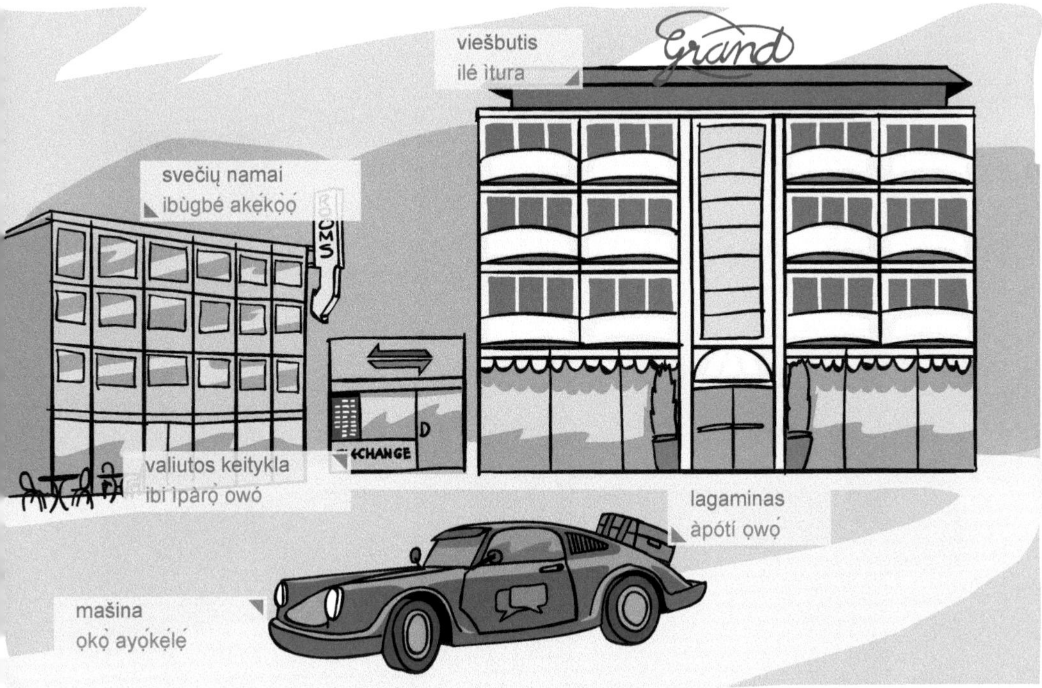

viešbutis
ilé ìtura
Grand
svečių namai
ibùgbé akẹ́kọ̀ọ́
ROOMS
valiutos keitykla
ibi ìpàrọ̀ owó
EXCHANGE
lagaminas
àpótí ọwọ́
mašina
ọkọ̀ ayọ́kẹ́lẹ́

kalba
èdè

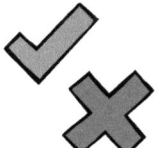

taip / ne
bẹ́ẹ̀ni / bẹ́ẹ̀kọ́

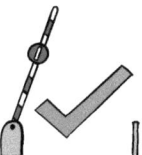

Gerai
Ó dára

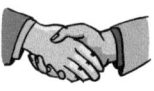

sveiki
ẹpẹ̀lẹ́

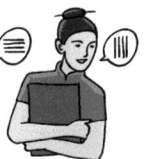

vertėjas raštu
olùtúmọ̀ èdè

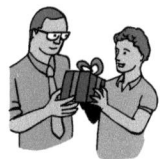

Ačiū
O ṣeun

kiek kainuoja...?

èló ni... ?

aš nesuprantu

Kò yé mi

problema

ìṣòro

Labas vakaras!

Ẹ́ káalẹ́!

Labas rytas!

Ẹ́ kaarọ̀!

Labos nakties!

Ẹ́ káalẹ́!

viso gero

ódìgbà

kryptis

ìtọ́ni

bagažas

ẹrù-ẹni

krepšys

báàgì

kuprinė

àpò ẹ̀yìn

svečias

àlejò

kambarys

yàrá

miegmaišis

báàgì ibùsùn

palapinė

àgọ́

turizmo informacija

àlàyé arìnrìn àjò

paplūdimys

òkun

kreditinė kortelė

káàdì arópò owó

pusryčiai

oúnję̀ àárọ̀

pietūs

oúnję̀ ọ̀sán

vakarienė

oúnję̀ alẹ́

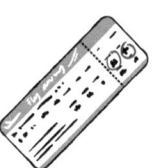

bilietas

tikẹti

liftas

ìgbésókè

pašto ženklas

èdidí

siena

àlà

muitinė

àwọn àṣà

ambasada

ibi ìwé ìrìnà

viza

fisa

pasas

ìwé ìrìnà

transportas

ọkọ̀

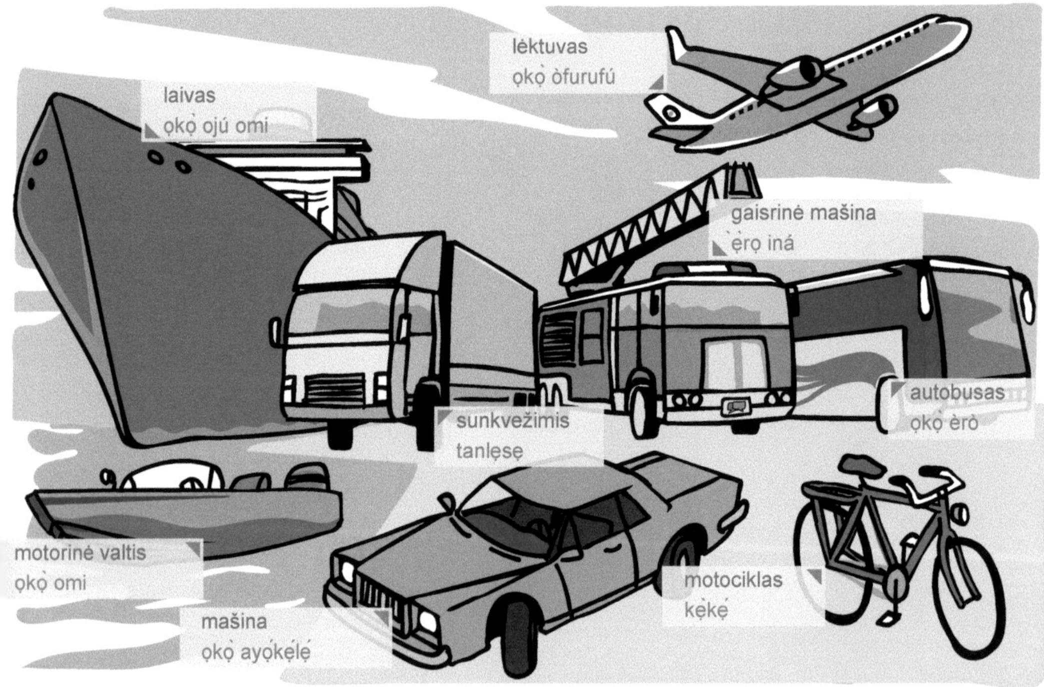

lėktuvas
ọkọ̀ òfurufú
laivas
ọkọ̀ ojú omi
gaisrinė mašina
ẹ̀rọ iná
autobusas
ọkọ̀ èrò
sunkvežimis
tanlẹsẹ
motorinė valtis
ọkọ̀ omi
mašina
ọkọ̀ ayọ́kẹ́lẹ́
motociklas
kẹ̀kẹ́

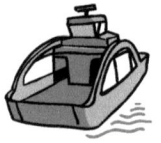

keltas
....
ọpán

valtis
....
ọpọ́n ojú omi

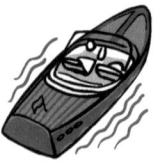

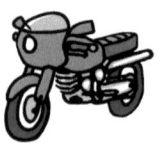

mopedas
....
atapùpù

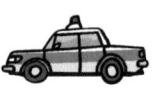

policijos automobilis
....
ọkọ̀ ọlọ́pàá

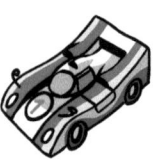

lenktyninis automobilis
....
ọkọ̀ ìsáré

nuomojamas automobilis
....
ọkọ̀ yíyá

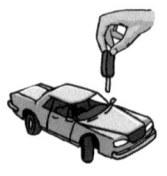

bendras automobilio
naudojimas
....
àpínlò ǫkǫ̀

techninės pagalbos
automobilis
....
ìgbǫ́kǫ̀

šiukšliavežė
....
ǫkǫ̀ dída ilę̀ nù

variklis
....
manto

degalai
....
epo

degalinė
....
ilé epo

kelio ženklas
....
àmì ìwakǫ̀

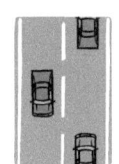

eismas
....
ìwakǫ̀

eismo spūstis
....
súnkę̀rę

mašinų stovėjimo aikštelė
....
ibi ìgbǫ́kǫ̀sí

traukinių stotis
....
ibùdókǫ̀ ojú irin

bėgiai
....
àwǫn òpópó

traukinys
....
ǫkǫ̀ ojú irin

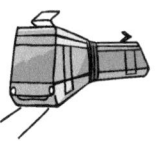

tramvajus
....
ǫkǫ̀ ori ilę̀

vagonas
....
ę̀rù

sraigtasparnis

ẹlikọputa

oro uostas

ibùdókọ̀ òfurufú

bokštas

òpó

keleivis

èrò

konteineris

ibi ìpamọ́

dėžė

katun

vežimėlis

apẹ̀rẹ̀

krepšys

agbọ̀n

pakilti / nusileisti

gbéra / balẹ̀

miestas

ìlú

kaimas

abúlé

miesto centras

àárín ìlú

namas

ilé

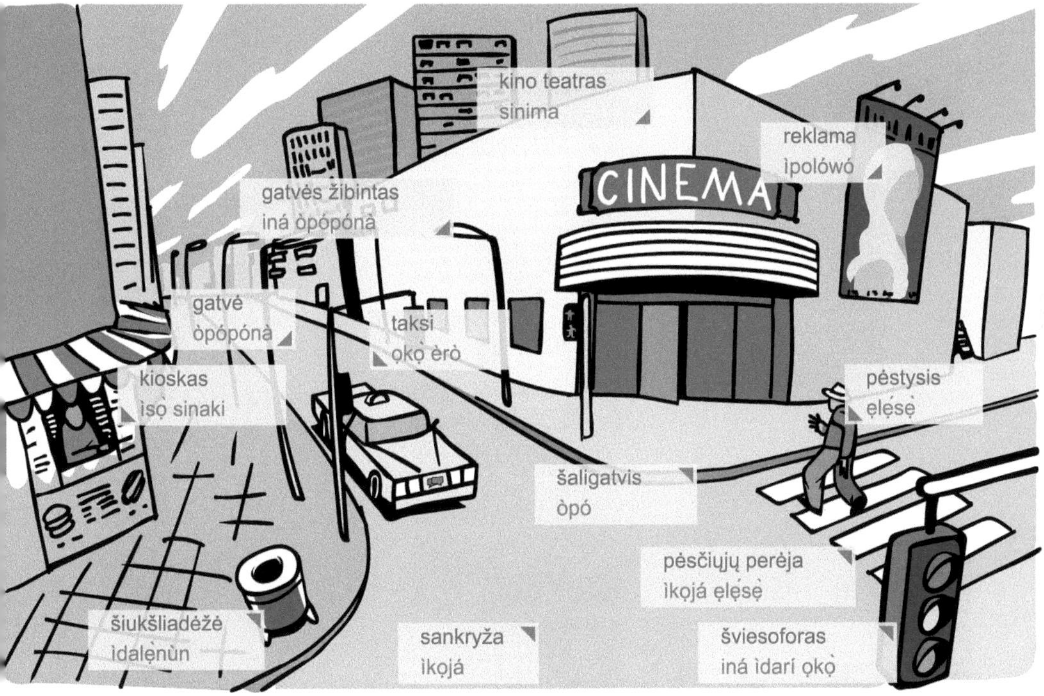

kino teatras
sinima

reklama
ìpolówó

gatvės žibintas
iná òpópónà

CINEMA

gatvė
òpópónà

taksi
ọkọ̀ èrò

pėstysis
ẹlẹ́sẹ̀

kioskas
ìsọ sinaki

šaligatvis
òpó

pėsčiųjų perėja
ìkọjá ẹlẹ́sẹ̀

šiukšliadėžė
ìdalẹnùn

sankryža
ìkọjá

šviesoforas
iná ìdarí ọkọ̀

trobelė
....
abà

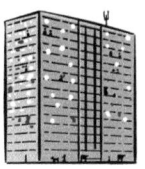

butas
....
filati

traukinių stotis
....
ibùdókọ̀ ojú irin

rotušė
....
ojúde

muziejus
....
musiọmu

mokykla
....
ilé-ìwé

universitetas

yunifasiti

bankas

ilé ìfowópamọ́

ligoninė

ilé ìwòsàn

viešbutis

ilé ìtura

vaistinė

olùta ògùn

biuras

ọfisi

knygynas

ìsọ̀ ìwé

parduotuvė

ìsọ̀

gėlių parduotuvė

òdòdó

prekybos centras

ibi ìtajà

turgus

ọjà

universalinė parduotuvė

ibi ẹ̀ka ìsẹ́

žuvies parduotuvė

ibi ẹja

prekybos centras

ibi ìrajà

uostas

bèbè omi

parkas

ibi ìgbafẹ́

suoliukas

àga

tiltas

afárá

laiptai

àgàsọ̀

metro

abẹ́ ilẹ̀

tunelis

ihò ilẹ̀

autobusų stotelė

ibùdókọ̀

baras

ilé ọtí

restoranas

ilé oúnjẹ

lauko pašto dėžutė

àpótí ìfìwéránṣẹ́

kelio ženklas

àmì òpópónà

parkomatas

mita ìgbọ́kọ̀sí

zoologijos sodas

ibi ẹranko

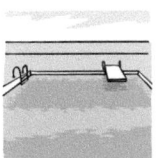

baseinas

ibi ìwẹ̀

mečetė

mọ́ṣáláṣí

ūkininko ūkis

oko

tarša

ìdòtí

kapinės

ibi isìnkú

bažnyčia

ilé ìjọsìn

žaidimų aikštelė

ibi ìṣeré

šventykla

tẹmpili

kraštovaizdis
ẹlẹ́bùú

lapas
ewé

kelio rodyklė
ajúwe

kelias
ọnà

pieva
ilẹ̀ koríko

akmuo
òkúta

ėjikas
olùrìn

medis
igi

upė
odò

žolė
kóriko

gėlė
òdòdó

slėnis

kòtò

kalva

òkè

ežeras

adágún omi

miškas

aginjù

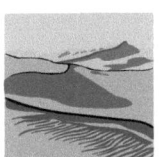

dykuma

aṣálẹ̀

ugnikalnis

ilẹ̀ ríru

pilis

ibùgbé

vaivorykštė

òṣùmàrè

grybas

esun

palmė

ọpẹ

uodas

ẹ̀fọn

musė

eṣinṣin

skruzdėlė

kòkòrò

bitė

oyin

voras

alantakun

vabalas

làbọnlàbọn

varlė

ọ̀pọ̀lọ́

voverė

ọ̀kẹ́rẹ̀ ńlá

ežys

sẹ́sẹ́

kiškis

ọ̀kẹ́rẹ̀

peléda

òwìwí

paukštis

ẹyẹ

gulbė

pẹ́pẹyẹ ńlá

šernas

ẹlẹ́dẹ̀ igbó

elnias

àgbọ̀nrín

briedis

àgbọ̀nrín ńlá

užtvanka

adágún

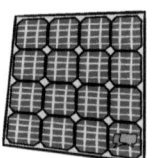

vėjo jėgainė

ọ̀pá afẹ́fẹ́

saulės baterija

panẹ̀ẹ̀lì òrùn

klimatas

ojú-ojọ́

restoranas
ilé oúnjẹ

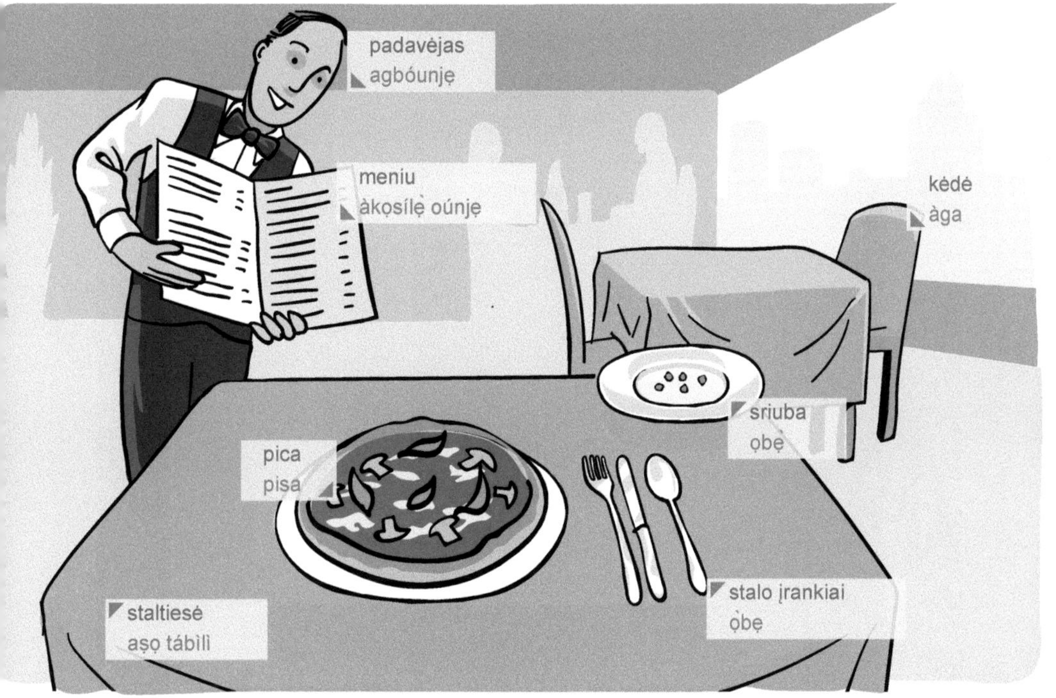

padavėjas
agbóunjẹ
meniu
àkọsílẹ̀ oúnjẹ
kėdė
àga
sriuba
ọbẹ
pica
pisa
stalo įrankiai
ọ̀bẹ
staltiesė
aṣọ tábìlì

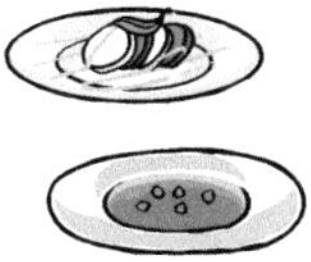

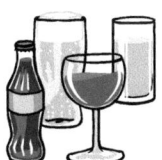

užkandis

ìpanu

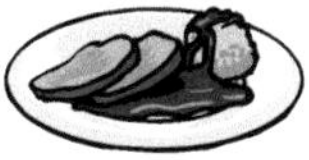

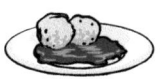

pagrindinis patiekalas

oúnjẹ gangan

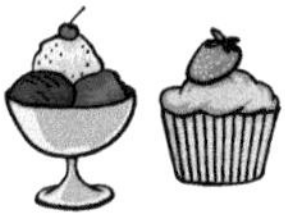

desertas

ìpanu lẹ́yin oúnjẹ

gėrimai

ohun mímu

maistas

oúnjẹ

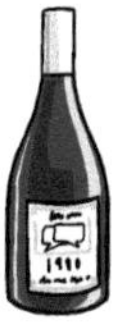

butelis

ìgò

greitai pateikiamas maistas

oúnję kíá

gatvės maistas

oúnję òpópónà

arbatinukas

abǫ́ tii

cukrinė

abǫ́ şúgà

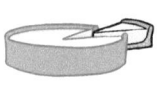

porcija

ìpín

espreso aparatas

`ẹ̀rọ ẹsipiręso

aukšta kėdė

àga gíga

sąskaita

ináwó oşọşù

padėklas

tire

peilis

ọbę

šakutė

fọ́ọ̀kì

šaukštas

şíbí

arbatinis šaukštelis

şíbí tii

servetėlė

pépà ìnuwọ́

stiklinė

gilasi

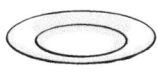

lėkštė
abọ́

sriubos lėkštė
abọ́ ọbẹ̀

padėklas
pẹlebẹ

padažas
ọbẹ̀

druskinė
kòkò iyọ̀

pipirų malūnėlis
ìlọta

actas
fẹniga

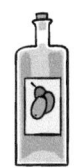

aliejus
òróró

prieskoniai
ẹ̀rọ̀jà

kečupas
kẹsọpu

garstyčios
mọsitadi

majonezas
mayonesi

prekybos centras
ibi ìtajà

specialus pasiūlymas
ẹ̀dínwó
FOR
pirkėjas
oníbàárà
pieno produktai
wàrà
vaisiai
èso
troleibusas
ọmọlanke

BUTCHERS

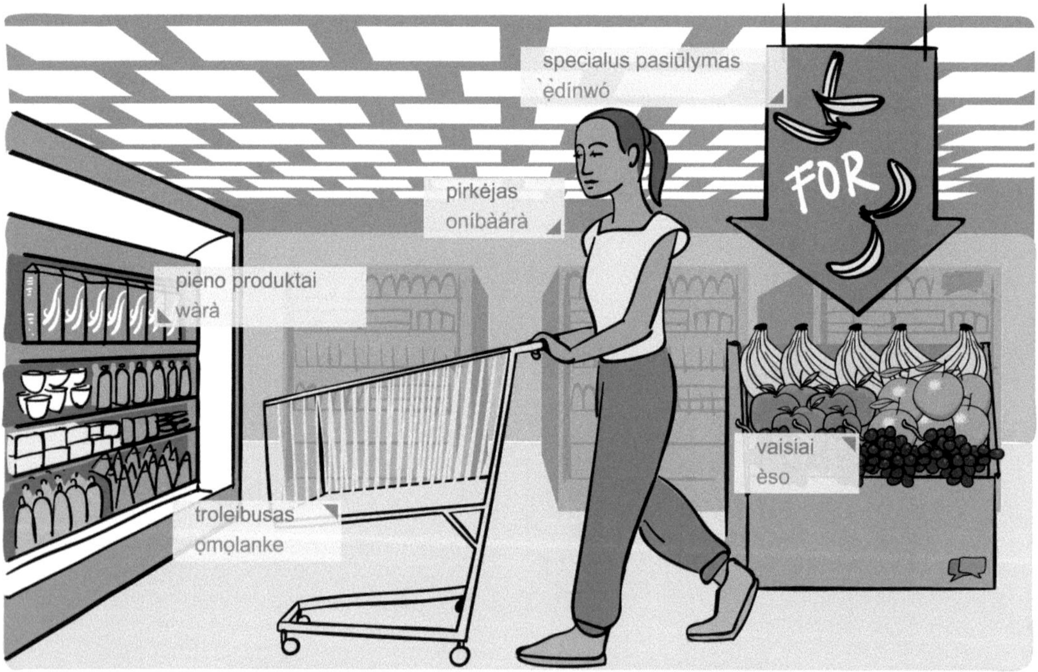

mėsos parduotuvė

alápatà

BAKERY

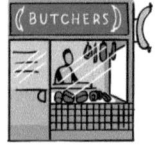

kepykla

beka

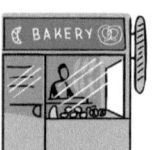

sverti

wọ̀n

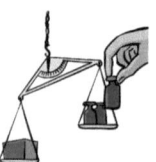

daržovės

ewébẹ̀

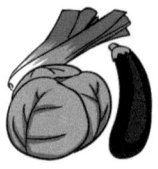

mėsa

ẹran

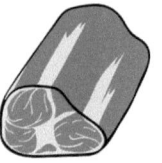

šaldytas maistas

oúnjẹ dídì

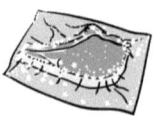

šalti mėsos užkandžiai

ęran tútù

konservai

oúnję agolo

skalbimo milteliai

ọsẹ ífọṣọ

saldumynai

àdíndùn

ūkinės prekės

àgbéjáde ẹbí

valymo priemonės

ohun ìtọ́jú

pardavėja

olùtajà

kasos aparatas

tili

kasininkas

akawó

pirkinių sąrašas

àkójọ ìrajà

darbo valandos

wákàtí ìbẹ̀rẹ̀

piniginė

ìpamọ́

kreditinė kortelė

káàdì arópò owó

maišelis

báàgì

plastikinis maišelis

báàgì ọ̀rá

vanduo

omi

sultys

omi èso

pienas

wàrá

kola

koki

vynas

waini

alus

bia

alkoholis

ọtí líle

kakava

kòkó

arbata

tii

kava

kọfí

espresas

ẹsipirẹso

kapučinas

kapusino

bananas

ọ̀gẹ̀dẹ̀

obuolys

apu

apelsinas

ọsàn

arbūzas

ẹ̀gúsí

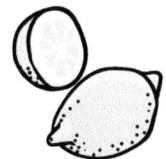

citrina

òronbò

morka

karọti

česnakas

galiki

bambukas

ọparun

svogūnas

àlùbọ́sà

grybas

esun

riešutai

ẹ̀pà

makaronai

nodu

spagečiai

sipajęti

ryžiai

ìręsì

salotos

saladi

traškučiai

ìpanu

keptos bulvės

ànàmọ́ díndín

pica

pisa

mėsainis

bọ́gà

sumuštinis

sanwiṣi

pjausnys

ẹran sísun

kumpis

ẹsẹ̀ ẹlẹ́dẹ̀

saliamis

salami

dešrelė

sọseji

vištiena

ẹran ẹdiyẹ

kepsnys

sun

žuvis

ẹja

avižų dribsniai

oti poreji

dribsniai su priedais

musęli

kukurūzų dribsniai

confulakisi

miltai

ìyèfun

prancūziškasis ragelis

kirosanti

bandelė

rolu búrędì

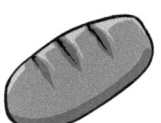

duona

burędi

skrebutis

dín

sausainiai

bisikiti

sviestas

bǫtà

varškė

kǫdu

tortas

keki

kiaušinis

ęyin

kiaušinienė

ęyin díndín

sūris

şişi

ledai

aisi kirimu

cukrus

ṣúgà

medus

oyin

uogienė

jamu

tepamas šokoladas

àfira ṣokoleti

karis

kọri

maistas - oúnjẹ

ūkininko ūkis

oko

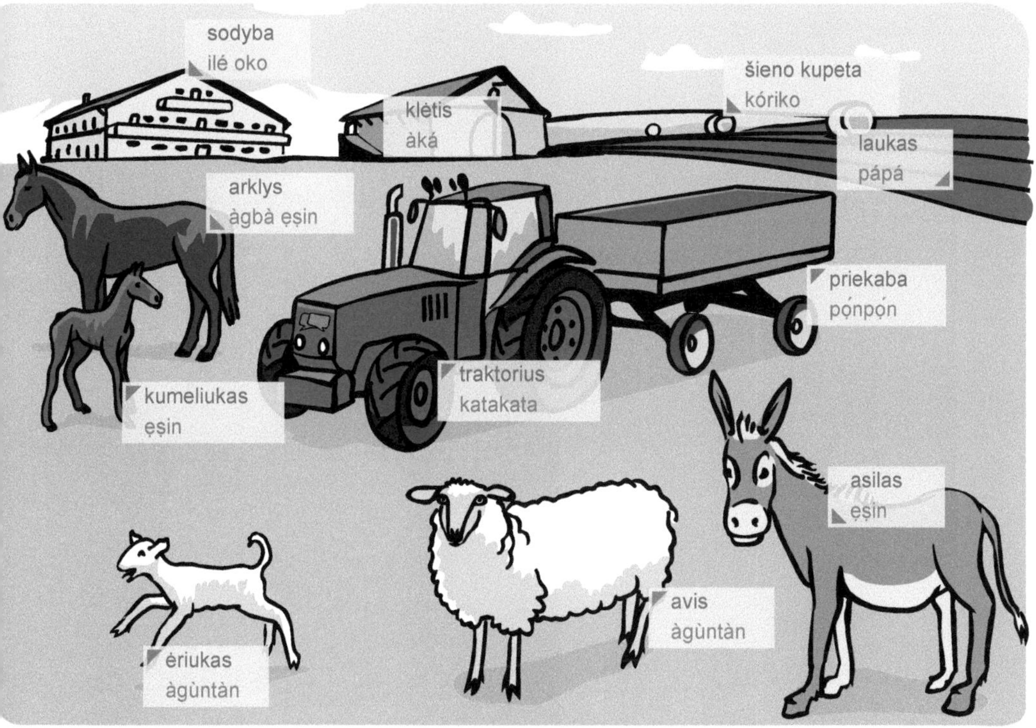
sodyba
ilé oko
klėtis
àká
šieno kupeta
kóriko
laukas
pápá
arklys
àgbà ẹṣin
priekaba
pọ́npọ́n
traktorius
katakata
kumeliukas
ẹṣin
asilas
ẹṣin
avis
àgùntàn
ėriukas
àgùntàn

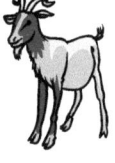

ožys

ewúrẹ́

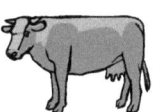

karvė

máàlù

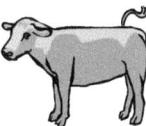

veršis

ọ̀dọ́ àgùntàn

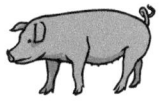

kiaulė

ẹlẹ́dẹ̀

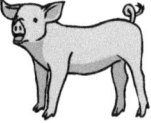

paršelis

ọmọ ẹlẹ́dẹ̀

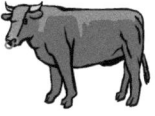

bulius

àgbò

žąsis

ọmọ pẹ́pẹ́yẹ

antis

pẹ́pẹ́yẹ

viščiukas

ọmọ adìyẹ

višta

adìyẹ

gaidys

àkùkọ

žiurkė

ẹ̀kúté

katė

olóngbò

pelė

eku

jautis

kẹ̀tẹ̀kẹ̀tẹ̀

šuo

ajá

šuns būda

ilé ajá

sodo namas

ọ̀pá ọgbà

laistytuvas

abọ́ omi

dalgis

scythe

plūgas

ọkọ̀ irúgbìn

pjautuvas

abẹ oko

kauptukas

ọkọ́

šakės

irinṣẹ́ kóriko

kirvis

àáké

statinė

wilibaro

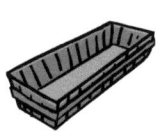

lovys

àgbá

bidonas

abọ́ wàrà

maišas

àpò

tvora

ògiri

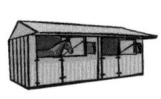

arklidė

pẹpẹ oko

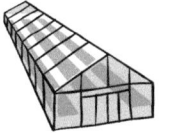

šiltnamis

ibi ìdáko

dirva

ilẹ̀

sėkla

irúgbìn

trąšos

ajílẹ̀

kombainas

àkópọ̀ olùkórè

rinkti

ìkórè

derlius

ìkórè

saldžiosios bulvės

işu

kviečiai

bàbà

soja

soya

bulvė

ànàmọ́

kukurūzai

àgbàdo

rapsai

irúgbìn rapu

vaismedis

igi èso

manijokas

ẹ̀gẹ́

grūdai

jéró

namas
ilé

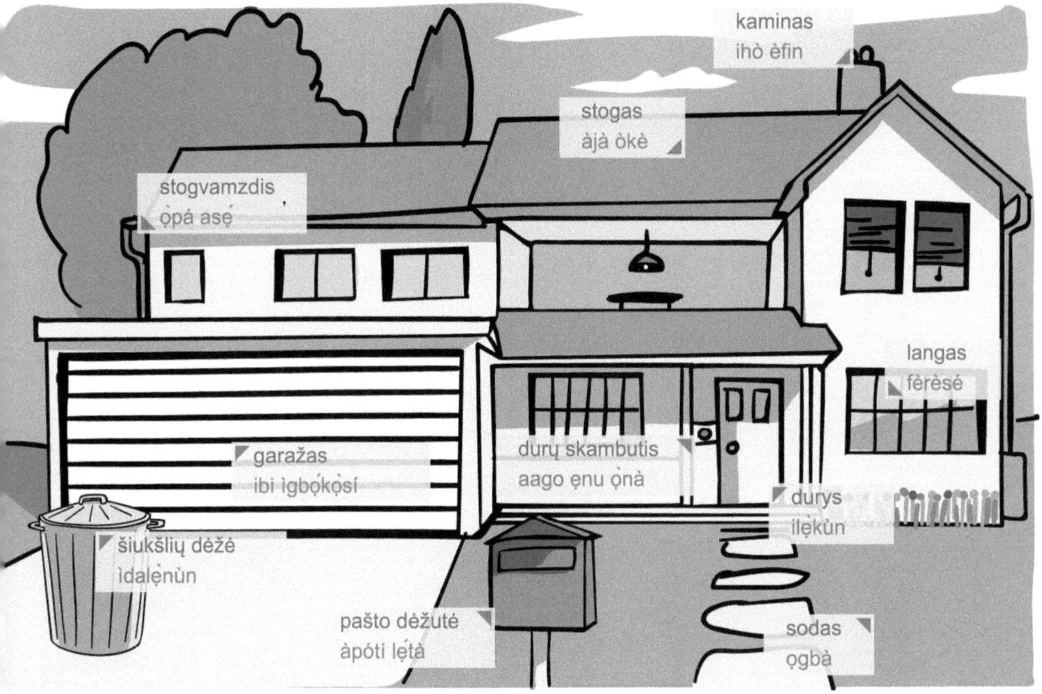

kaminas
ihò èfin
stogas
àjà òkè
stogvamzdis
ọ̀pá asẹ́
langas
fèrèsé
garažas
ibi ìgbọ́kọ̀sí
durų skambutis
aago ẹnu ọ̀nà
durys
ilẹ̀kùn
šiukšlių dėžė
ìdalẹ̀nù
pašto dėžutė
àpótí lẹ́tà
sodas
ọgbà

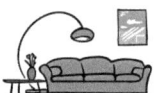

svetainė

yàrá ìgbé

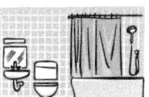

vonios kambarys

ilé ìwẹ̀

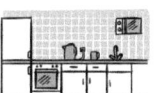

virtuvė

ilé ìdáná

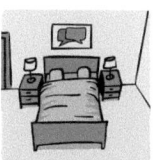

miegamasis

yàrá ìbùsùn

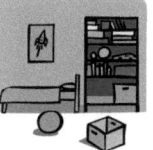

vaiko kambarys

yàrá ọmọdé

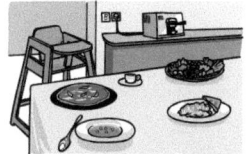

valgomasis

yàrá ìjẹun

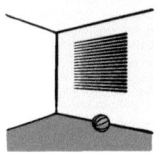

grindys
ilẹ̀

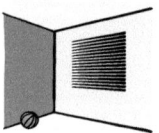

siena
ògiri ilé

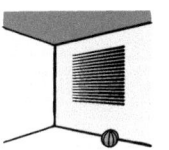

lubos
àjà

rūsys
sẹla

sauna
sauna

balkonas
ọ̀dẹ̀dẹ̀

terasa
ọnà

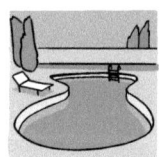

baseinas
ibi ìwẹ̀

žoliapjovė
ẹ̀rọ ìgéko

paklodė
ojú-ewé

lovatiesė
aṣọ orí ibùsùn

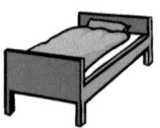

lova
ibùsùn

šluota
ọwọ̀

kibiras
garawa

jungiklis
yípo

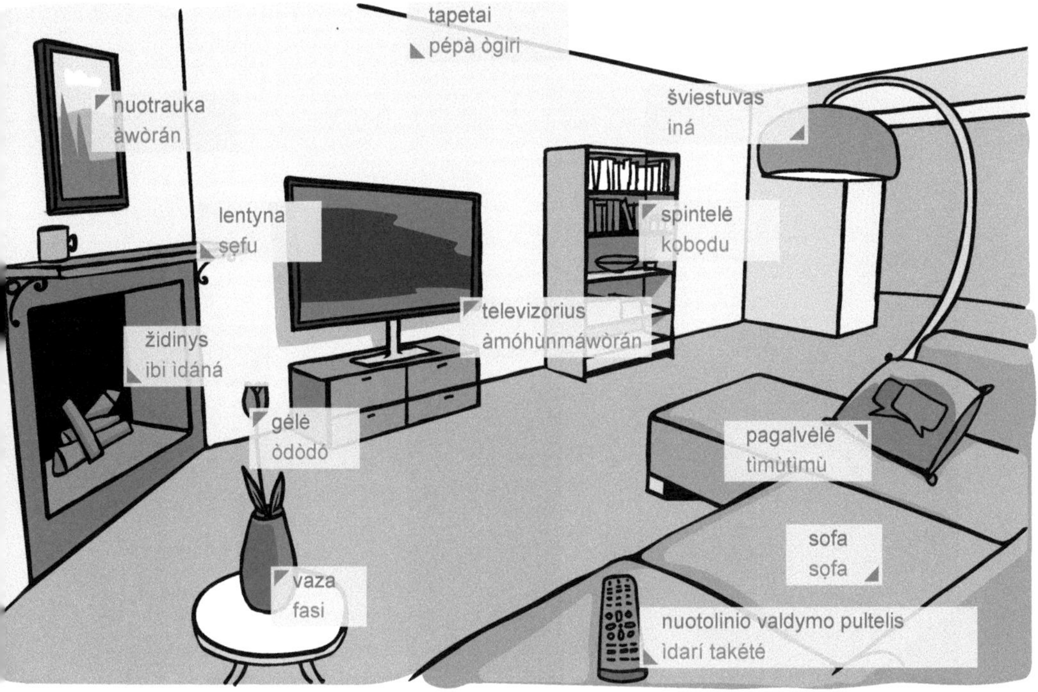

tapetai
pépà ògirí

nuotrauka
àwòrán

šviestuvas
iná

lentyna
ṣẹfu

spintelė
kọbọdu

televizorius
àmóhùnmáwòrán

židinys
ibi ìdáná

gélė
òdòdò

pagalvėlė
tìmùtìmù

vaza
fasi

sofa
sọfa

nuotolinio valdymo pultelis
ìdarí takété

kilimas

kapẹti

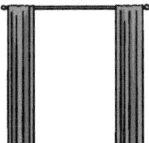

užuolaida

kọtini

stalas

tábìlì

kėdė

àga

supamasis krėslas

àga amìtitì

fotelis

àga ọlọ́wọ́

knyga

ìwé

antklodė

aṣọ ìbora

papuošimai

ọ̀ṣọ́

malkos

igi idáná

filmas

fíìmù

stereo aparatūra

irinṣẹ́ hi-fi

raktas

kọ́kọ́rọ́

laikraštis

ìwé ìròyìn

paveikslas

kíkunlé

plakatas

àlẹ̀mọ́

radijas

redio

užrašų knygelė

ìkọ̀wé

dulkių siurblys

ufa

kaktusas

kakitọsi

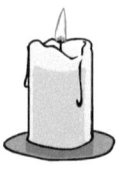

žvakė

àbẹ́là

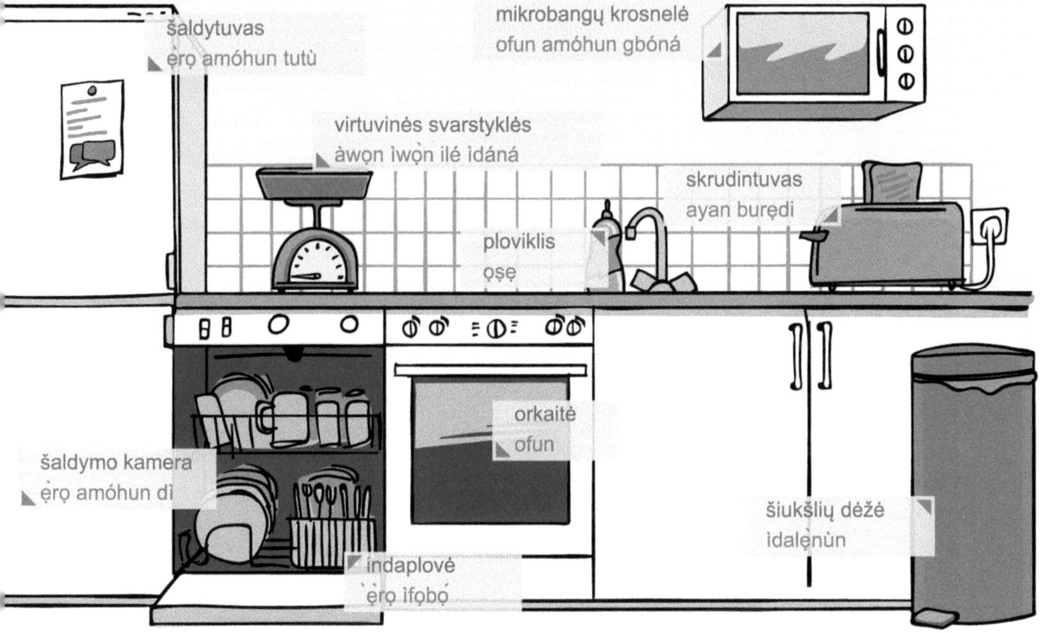

šaldytuvas
ẹrọ amóhun tutù

mikrobangų krosnelė
ofun amóhun gbóná

virtuvinės svarstyklės
àwọn ìwọn ilé ìdáná

skrudintuvas
ayan burẹdi

ploviklis
ọṣẹ

šaldymo kamera
ẹrọ amóhun dì

orkaitė
ofun

šiukšlių dėžė
ìdalẹnùn

indaplovė
ẹrọ ìfọbọ́

viryklė

ìdáná

puodas

ìṣasun

ketaus puodas

ìṣasun irin

„wok" keptuvė

wok / kadai

keptuvė

panu

virdulys

kẹturu

garų puodas

amoru

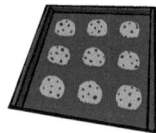

kepimo skarda

pẹpẹ ìdáná

porceliano indai

dídáná

puodelis

ife gilasi

dubuo

àdému

valgomosios lazdelės

igi ìjẹun

samtis

ladu

mentelė

ṣíbí kòtò

plaktuvas

wisiki

koštuvas

sitirena

sietas

asẹ́

trintuvė

gireta

grūstuvė

odó

kepsninė

àsun

atvira liepsna

ibi ìdáná

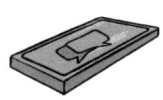

pjaustymo lentelė

pẹpẹ gígé

kočėlas

igi ìlọ

kamščiatraukis

kọkisukuru

skardinė

agolo

skardinių atidarytuvas

olùṣí agolo

puodkėlė

àdìmú ìṣasun

kriauklė

kòtò

šepetys

burọṣi

kempinė

kaninkanin

trintuvas

ẹrọ ìlọta

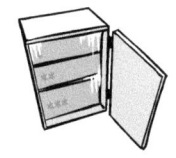

šaldiklis

ẹrọ amóhun dì oníkòtò

kūdikių buteliukas

ohun ìjẹun ọmọdé

čiaupas

ẹnu ẹrọ omi

vonios kambarys

ilé ìwẹ̀

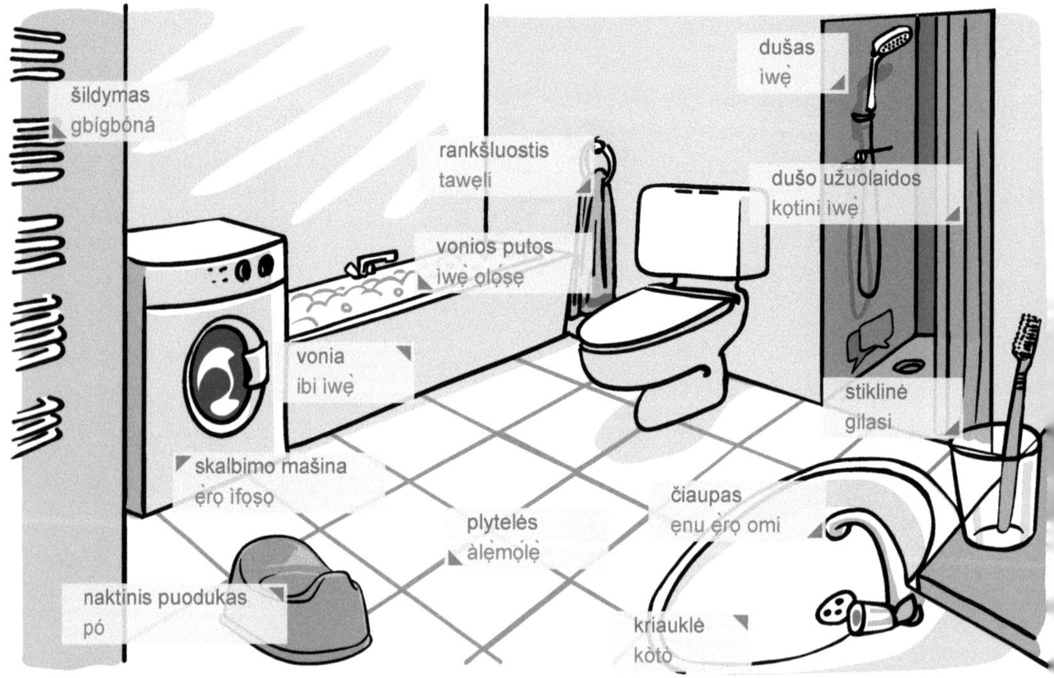

šildymas
gbígbóná
rankšluostis
tawẹli
dušas
ìwẹ̀
dušo užuolaidos
kọtini ìwẹ̀
vonios putos
ìwẹ̀ olọ́ṣẹ
vonia
ibi ìwẹ̀
skalbimo mašina
ẹ̀rọ ìfọṣọ
stiklinė
gilasi
čiaupas
ẹnu ẹ̀rọ omi
plytelės
àlẹ̀mọ́lẹ̀
naktinis puodukas
pó
kriauklė
kòtò

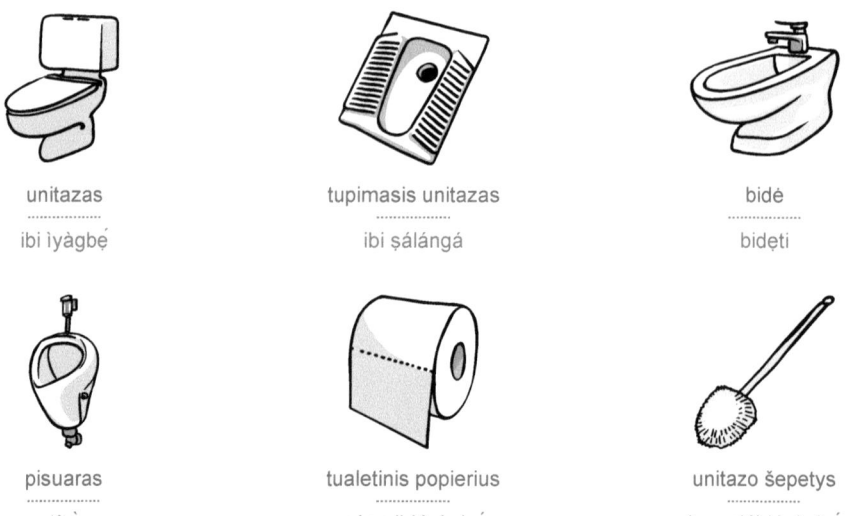

unitazas

ibi ìyàgbẹ́

tupimasis unitazas

ibi ṣálángá

bidė

bidẹti

pisuaras

títọ̀

tualetinis popierius

pépa ibi ìyàgbẹ́

unitazo šepetys

burọ́ṣi ìbi ìyàgbẹ́

dantų šepetėlis

igi ifọnu

dantų pasta

ọṣẹ ìfọnu

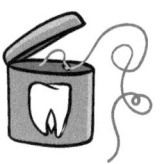

dantų siūlas

filọsi eyin

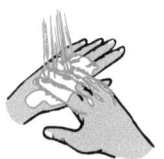

plauti

fọṣọ

dušo galvutė

ìwẹ̀ ọlọ́wọ́

higieninis dušas

dọṣi

praustuvas

basin

nugaros plaušinė

burọṣi ẹ̀yìn

muilas

ọṣẹ

dušo želė

gẹli ìwẹ

šampūnas

ọṣẹ irun

plaušinė

filanẹni

kanalizacija

sẹ́

kremas

ìpara

dezodorantas

olóòrùn dídún

veidrodis

dingi

veidrodėlis

díngi ọwọ́

skustuvas

abẹ

skutimosi putos

fomu ìfárungbọ̀n

losjonas po skutimosi

lẹ́yìn ìfarungbọ̀n

šukos

ìyarun

šepetys

burọṣi

plaukų džiovintuvas

agbẹrun

plaukų lakas

ìparun

makiažas

ìmúra

lūpdažis

ìtọ̀tè

nagų lakas

fanìṣi èkaná

vata

òwú

žirklutės nagams

sisọsi èkaná

kvepalai

pafumu

maišelis skalbiniams

báàgì ìwẹ̀

taburetė

àga

svarstyklės

ìwọ̀n

chalatas

okùn ìwẹ̀

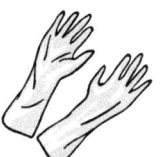

guminės pirštinės

ìbọ̀wọ́ rọ́bà

tamponas

tampun

higieninis įklotas

ìnuwọ́

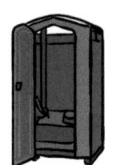

biotualetas

ṣálángá kẹmika

vaiko kambarys
yàrá ọmọdé

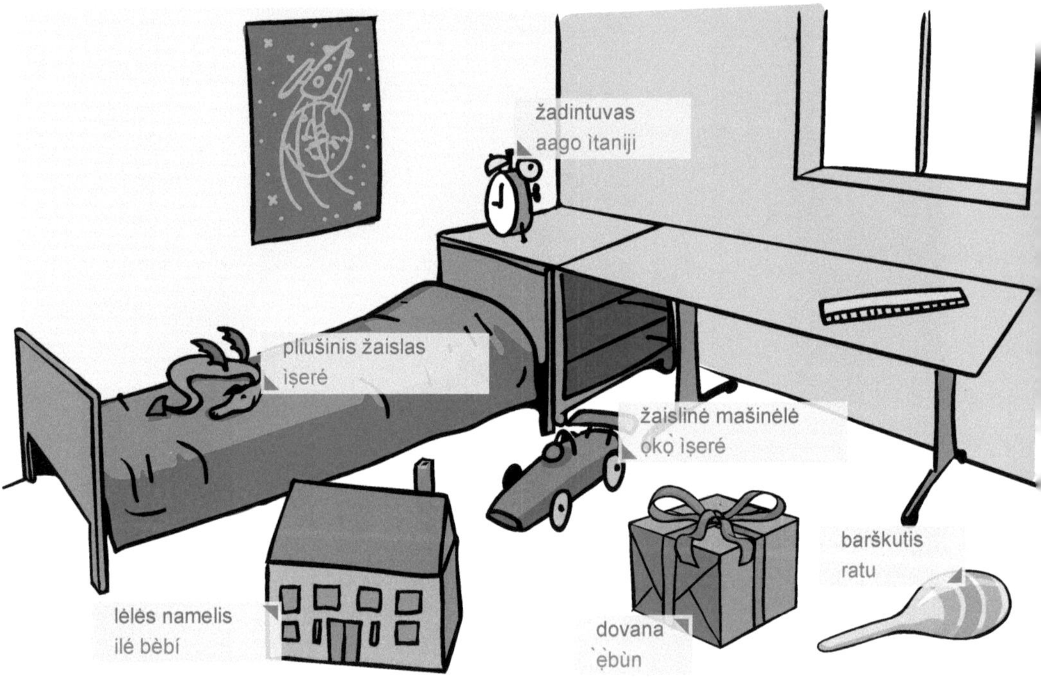
žadintuvas
aago ìtaniji
pliušinis žaislas
ìṣeré
žaislinė mašinėlė
ọkọ̀ ìṣeré
barškutis
ratu
lėlės namelis
ilé bèbí
dovana
ẹ̀bùn

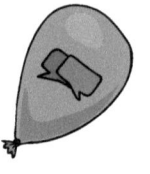

balionas

fèrè

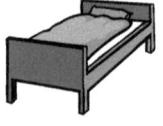

lova

ibùsùn

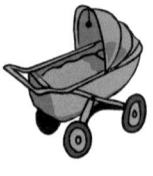

vaikiškas vežimėlis

ìgbọ́mọ

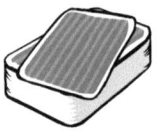

kortų malka

àpapọ̀ káàdì

delionė

ayùn

SUPER
MEGA

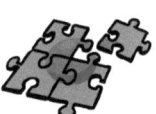

komiksai

àwàdà

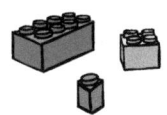

lego kaladėlės
àwọn biriki

žaislinės kaladėlės
ohun ìṣeré

figūrėlė
figọ ìṣe

šliaužtinukai
ìdàgbàsókè

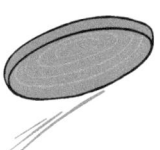

mėtymo lėkštė
firisibi

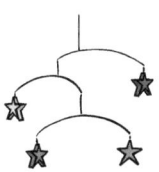

karuselė
alágbèéká

stalo žaidimas
eré pẹpẹ

kauliukai
daisi

žaislinis traukinys
àkópọ̀ ìkọ́ni àwòṣe

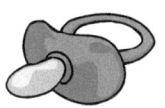

žindukas
dọmi

vakarėlis
ayẹyẹ

paveiksliukų knygelė
ìwé àwòrán

kamuolys
bọ́ọlù

lėlė
bèbí

žaisti
ṣeré

smėlio dėžė

kòtò yẹ̀pẹ̀

sūpynės

jangilofa

žaislai

àwọn ìṣeré

žaidimų konsolė

kọ́nsolu ìṣeré fídíò

triratukas

ẹlẹ́ṣẹ̀ mẹ́ta

meškiukas

bèbí ọmọdé

drabužių spinta

ibi ìkaṣọsi

drabužis

aṣọ

kojinės

sọkisi

kojinės virš kelių

sitọkin

pėdkelnės

ṣòkòtò

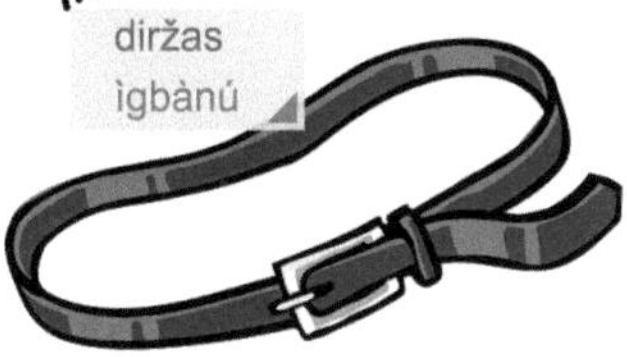

šalikas
sikafu

diržas
ìgbànú

skėtis
agbòjò

marškinéliai
t-sęti

ilgaauliai batai
bàtà

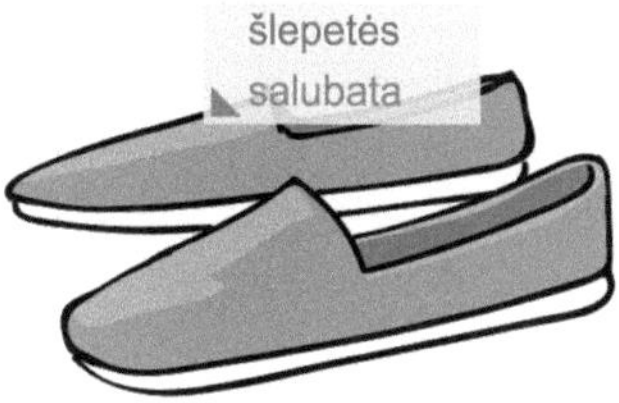

šlepetés
salubata

sportbačiai
àwọn olùkọ́ni

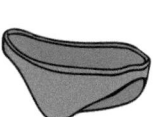

sandalai
....
salubata

batai
....
bàtà

guminiai batai
....
bàtà òjò

trumpikės
....
pátá

liemenélé
....
kọ́mú

liemenė
....
fẹsiti

glaustinukė

ara

kelnės

ṣòkòtò

džinsai

kakí

sijonas

sikęti

palaidinė

bulausi

marškiniai

ṣęti

megztinis

dúró

megztinis su gobtuvu

ìbòrí

švarkelis

aṣọ òkè

švarkas

aṣọ otútù

paltas

kotu

lietpaltis

aṣọ òjò

kostiumas

ìmúra

suknelė

wọṣọ

vestuvinė suknelė

aṣọ ìgbéyàwó

kostiumas

sutu

naktiniai marškiniai

aṣọ àwọ̀sùn

pižama

pijama

saris

sari

skarelė

gèlè

tiurbanas

tọbanu

burka

bọka

kaftanas

kafitani

abaja

abaya

maudymosi kostiumėlis

aṣọ ìwẹdò

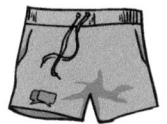

glaudės

aṣọ àwọ̀sókè

šortai

penpe

sportinis kostiumas

kotu

prijuostė

aṣọ ìdáná

pirštinės

ìbọ̀wọ́

saga

bọtìnnì

akiniai

awò

apyrankė

ẹgbà ọwọ́

vėrinys

ẹgbà ọrùn

žiedas

òrùka

auskaras

gbígbọ́

kepurė

filà

pakabas

ìkọ́ kotu

skrybėlė

àkẹtẹ̀

kaklaraištis

tai

užtrauktukas

sipu

šalmas

koto

breketai

bíresi

mokyklinė uniforma

aṣọ ilé-ìwé

uniforma

yunifọmu

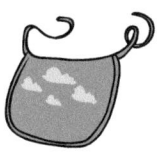

seilinukas

bibu

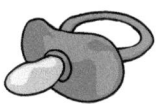

žindukas

dọmi

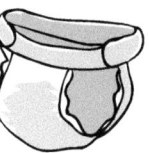

vystyklai

ìlédìí

biuras

ọfisi

serveris
olùpín
dokumentų spinta
ibi àkópamọ́ faili
spausdintuvas
ẹ̀rọ ìtẹ̀wé
popierius
pépà
vaizduoklis
aṣàfihàn
rašomasis stalas
dẹsiki
pelė
atọ́ka
aplankas
fódà
klaviatūra
àtẹ bọ́tìnnì
šiukšliadėžė
agbọ̀n ìdalẹ̀nù
kompiuteris
kọ̀mpútà
kėdė
àga

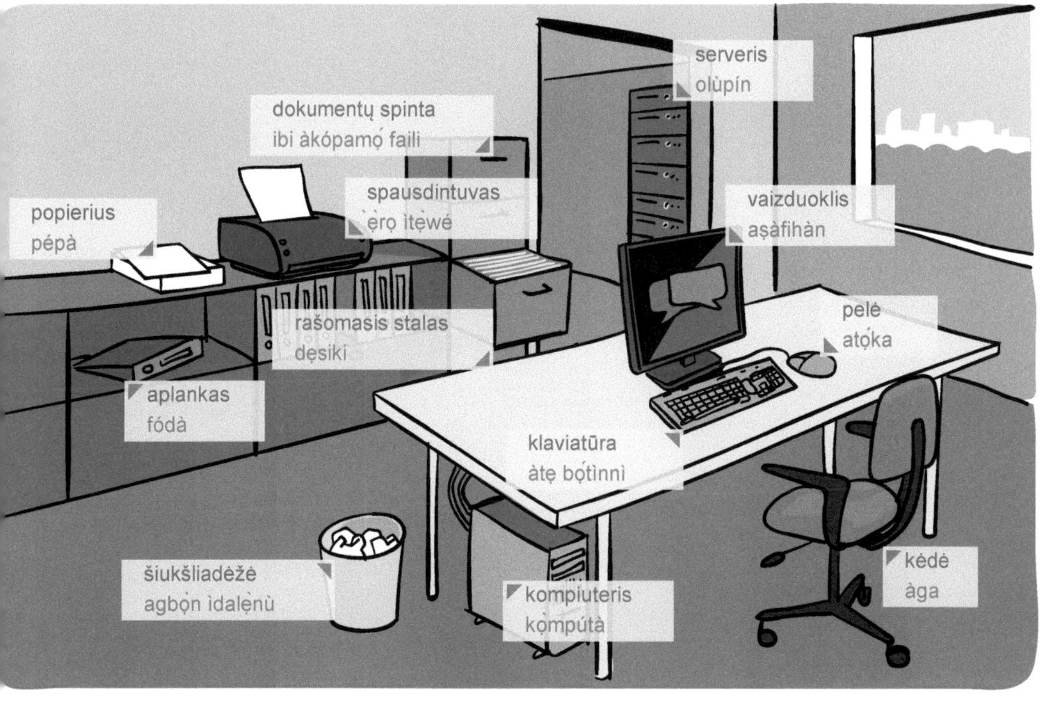

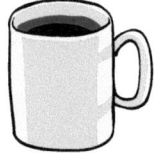

kavos puodelis

ife kọfí

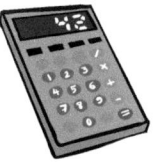

kalkuliatorius

ẹ̀rọ ìṣirò

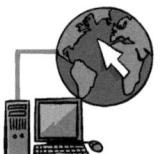

internetas

ayélujára

nešiojamasis kompiuteris

kọmpútà àgbélétan

laiškas

lẹ̀tà

žinutė

ìfíránṣẹ́

mobilusis telefonas

alágbèéká

tinklas

nẹ́tíwọ̀kì

fotokopijavimo aparatas

ẹ̀rọ ẹdà

programinė įranga

sọftwia

telefonas

ẹ̀rọ ìbánisọ̀rọ̀

kištukinis lizdas

ihò iná

faksas

ẹrọ fakisi

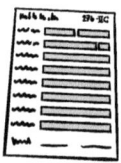

forma

fọ̀ọ̀mù

dokumentas

ìwé àkọsílẹ̀

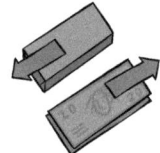

pirkti
....
rà

mokėti
....
sanwó

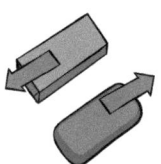

prekiauti
....
ṣòwò

pinigai
....
owó

doleris
....
dọla

euras
....
yuro

jena
....
yẹni

rublis
....
rọbu

Šveicarijos frankas
....
Siwisi frans

juanis
....
renminbi yuan

rupija
....
rupi

bankomatas
....
ibi owó

valiutos keitykla

ibi ìpàrọ̀ owó

auksas

wúrà

sidabras

fàdákà

nafta

epo

energija

agbára

kaina

iye

sutartis

àdéhùn

mokestis

owó orí

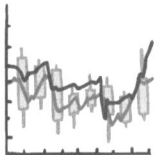

akcijos

ìpín ọjà

dirbti

ṣiṣẹ́

darbuotojas

òṣiṣẹ́

darbdavys

agbani síṣẹ́

gamykla

ilé iṣẹ́

parduotuvė

ìsọ̀

profesijos
àwọn iṣẹ́ ààyò

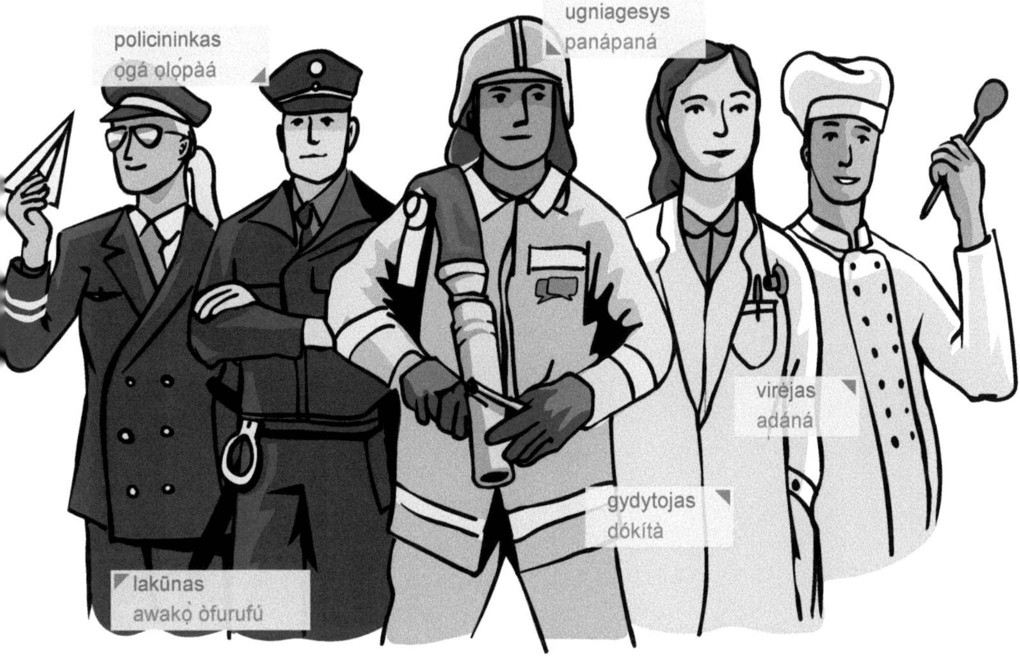

policininkas
ọ̀gá ọlọ́pàá
ugniagesys
panápaná
virėjas
adáná
gydytojas
dókítà
lakūnas
awakọ̀ òfurufú

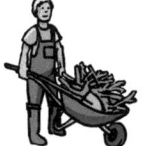

sodininkas

olọ́gbà

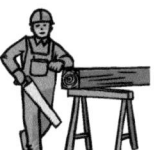

stalius

gbẹ́nàgbẹ́nà

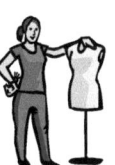

siuvėja

aránṣọ

teisėjas

adájọ́

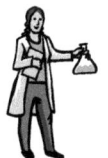

chemikas

olóògùn

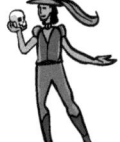

aktorius

òṣèré

autobuso vairuotojas

awakọ̀ èrò

taksi vairuotojas

awakọ̀ èrò

žvejys

apẹja

valytoja

omidan agbálẹ̀

stogdengys

kanlékanlé

padavėjas

agbóunjẹ

medžiotojas

ọdẹ

dailininkas

akunlé

kepėjas

olùṣe ìyẹ̀fun

elektrikas

aṣàtúnṣe iná

statybininkas

akọlé

inžinierius

amojú ẹrọ

mėsininkas

alápatà

santechnikas

pulọmba

paštininkas

afìwé ránṣẹ́

kareivis

jagunjagun

architektas

ayàwòrán ilé

kasininkas

akawó

gėlininkas

olódòdó

kirpėjas

aṣerun lóge

konduktorius

adarí èrò

mechanikas

aṣàtúnṣe ọkọ̀

kapitonas

adarí

odontologas

olùtọ́jú eyin

mokslininkas

onímọ̀ ìjìnlẹ̀

rabinas

olùkọ́ni

imamas

imamu

vienuolis

mọnki

kunigas

òjíṣẹ́ Ọlọ́run

įrankiai
àwọn irinṣẹ́

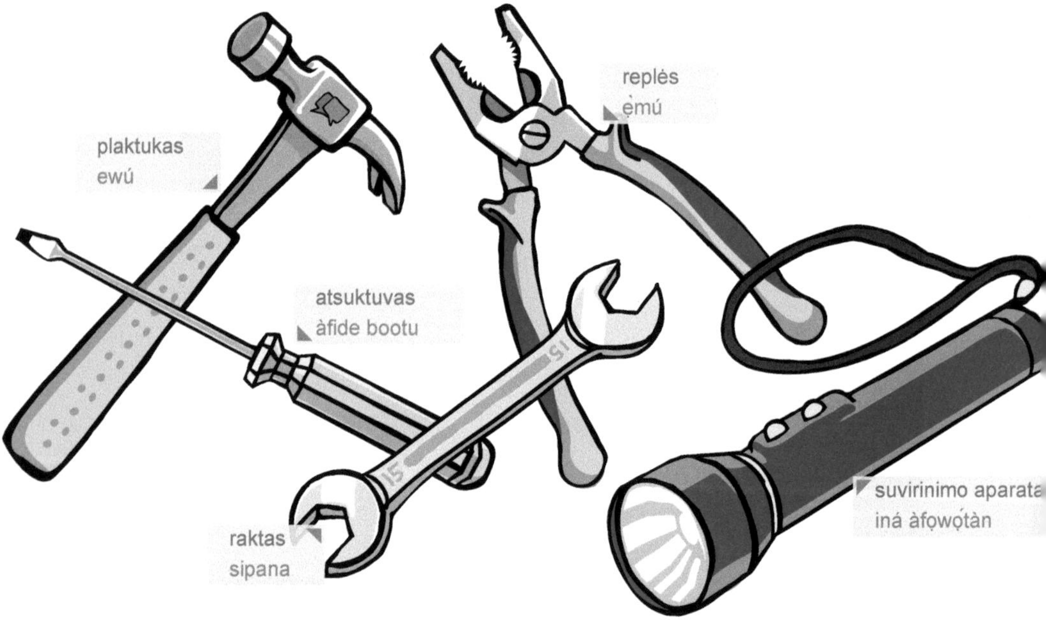

plaktukas
ewú
replės
ẹ̀mú
atsuktuvas
àfide bootu
raktas
sipana
suvirinimo aparata
iná àfọwọ́tàn

ekskavatorius
jiga

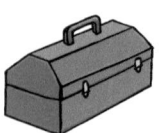

įrankių dėžė
àpótí irinṣẹ́

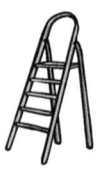

kopėčios
àgàsọ̀

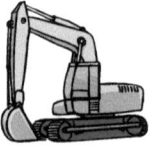

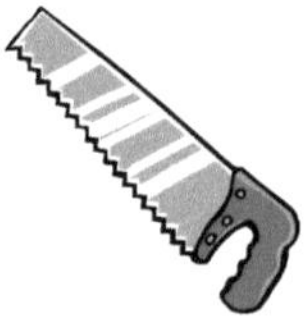
pjūklas
ayùn

vinys
ẹ̀ṣó

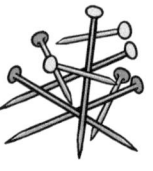

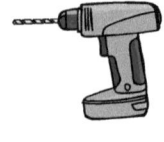

grąžtas
ìlu

taisyti

túnṣe

kastuvas

sọ̀bìrì

Velniava!

Adágún!

semtuvėlis

igbá ìdọ̀tí

dažų skardinė

kòkò ọ̀dà

varžtai

bootu

muzikos instrumentai

àwọn irinṣẹ́ orin

kontrabosas
baasi oníméjì

būgnų rinkinys
àkópọ̀ ìlù

garsiakalbis
gbohùngbohùn

gitara
jita

trimitas
fèrè

pianinas

dùrù

smuikas

faolin

bosinė gitara

baasi

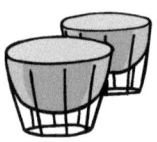

timpanas

timpani

būgnai

àwọn ìlù

sintezatorius

kiibọdu

saksofonas

sasofonu

fleita

fèrè ìpè

mikrofonas

`ẹrọ gbohùngbohùn

zoologijos sodas
ibi ẹranko

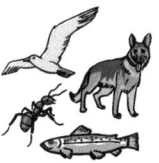

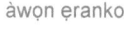

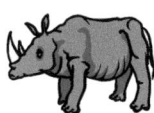

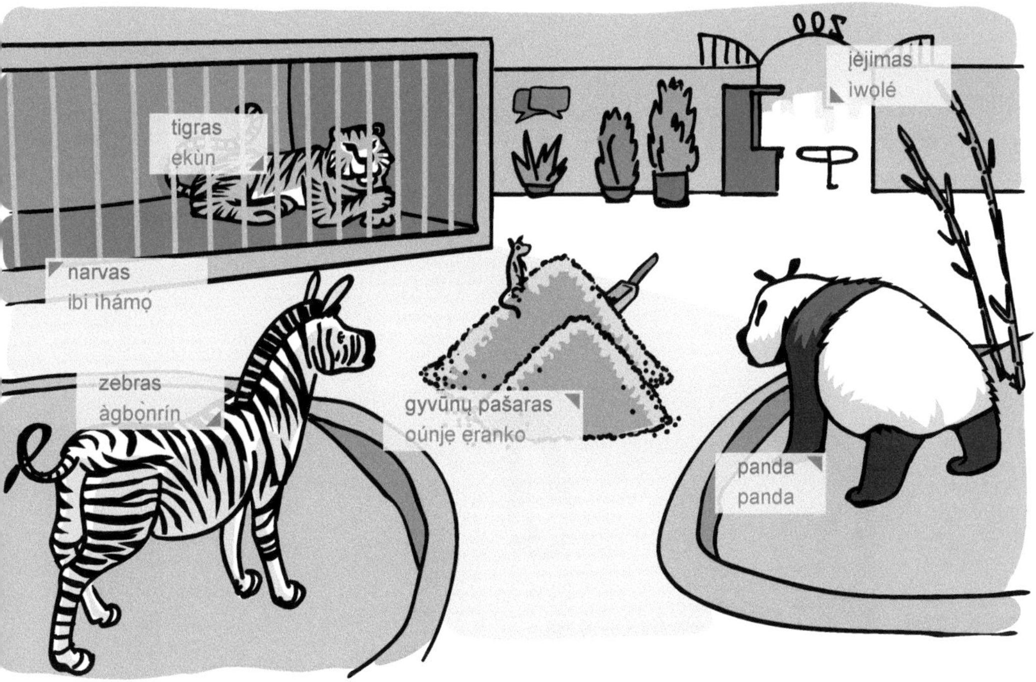

tigras
ẹkùn
įėjimas
ìwọlé
narvas
ibi ìhámọ́
zebras
àgbọ̀nrín
gyvūnų pašaras
oúnjẹ ẹranko
panda
panda

gyvūnai

àwọn ẹranko

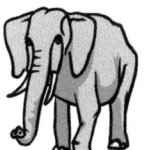

dramblys

erin

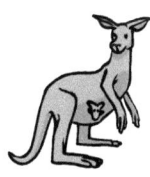

kengūra

kangaruu

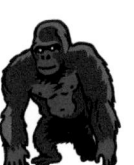

raganosis

raino

gorila

ọ̀bọ lagido

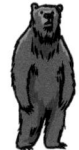

meška

biari

kupranugaris

kę́tę́kę́tę́

strutis

ẹyẹ agùnlọrùn

liūtas

kìnìún

beždžionė

ọ̀bọ

flamingas

yọjayọja

papūga

ayékòótọ́

baltoji meška

biari omi

pingvinas

pinguin

ryklys

ṣaki

povas

ọ̀kín

gyvatė

ejò

krokodilas

ọ̀nì

zoologijos sodo prižiūrėtojas

olùtọ́jú ibi ẹranko

ruonis

sili

jaguaras

jagua

ponis

poni

leopardas

ẹkùn

begemotas

ẹran omi

žirafa

jirafi

erelis

àṣá

šernas

ẹlẹ́dẹ́ igbó

žuvis

ẹja

vėžlys

ìjàpá

vėplys

wọrọsi

lapė

kọlọkọlọ

gazelė

gasẹli

amerikietiškas futbolas
Bọọlù àfẹsẹ̀gbá Amẹrika

dviračių sportas
kẹkẹ́

tenisas
tẹnisi

krepšinis
bọọlù agbọ̀n

plaukimas
iwẹ̀ odò

boksas
ẹlẹ́sẹ̀

ledo ritulys
ọki yìnyín

futbolas	badmintonas	atletika
bọọlù àfẹsẹ̀gbá	badmintin	àwọn tí ń sáré

rankinis	slidinėjimas	polas
bọọlù ọlọ́wọ́	eré orí yìnyín	polo

šokinéti
fò

juoktis
rẹ́riín

apkabinti
dìmọ́

dainuoti
kọrin

vaikščioti
rìn

melstis
gbàdúrà

bučiuoti
fẹnukò

svajoti
àlá

rašyti
kọwé

piešti
yàwòrán

rodyti
fihàn

stumti
tì

duoti
funni

imti
mú

turéti

ní

daryti

şe

būti

jẹ́

stovéti

dúró

bégti

sáré

traukti

fà

mesti

jù

kristi

şubú

meluoti

parọ́

laukti

dúró

nešti

gbé

sédéti

jókòó

rengtis

múra

miegoti

sùn

pabusti

jí

žiūrėti

wo

verkti

kígbe

glostyti

ọ̀pá

šukuoti

ìlarun

kalbėti

sọ̀rọ̀

suprasti

lóye

paklausti

bèrè

klausytis

tẹ́tí

gerti

omi

valgyti

jẹun

tvarkytis

palẹ̀mọ́

mylėti

ìfẹ́

gaminti

dáná

vairuoti

wakọ̀

skristi

fò

buriuoti

igbín

skaičiuoti

şírò

skaityti

kàwé

mokytis

kọ́

dirbti

şişẹ́

vesti

gbéyàwó

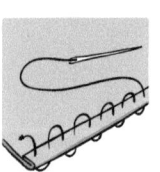

siūti

ránşọ

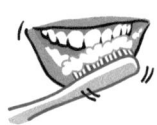

valytis dantis

fọ eyín

žudyti

pa

rūkyti

mu sìgá

siųsti

firánşẹ

šeima
ẹbí

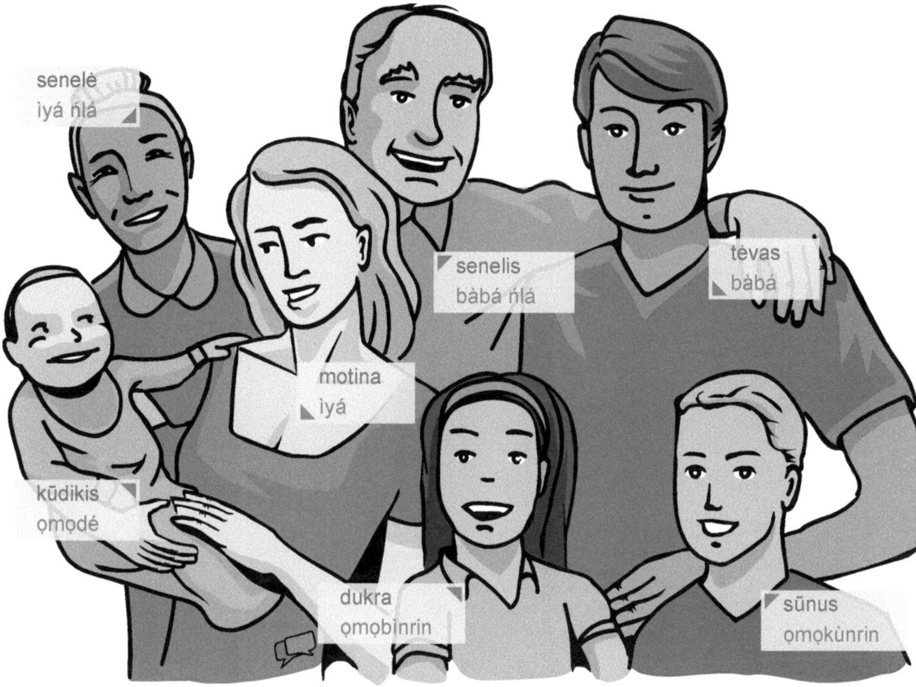
senelė
ìyá ńlá
senelis
bàbá ńlá
tėvas
bàbá
motina
ìyá
kūdikis
ọmọdé
dukra
ọmọbìnrin
sūnus
ọmọkùnrin

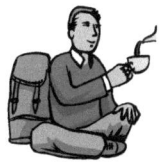

svečias

àlejò

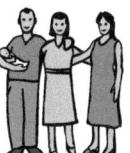

teta

àbúrò ìyá

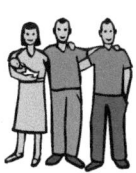

dėdė

àbúrò bàbá

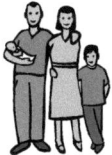

brolis

arákùnrin

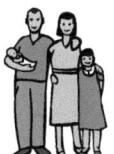

sesuo

arábìnrin

kūnas

ara

kakta
iwájú orí
akis
ẹyinjú
petys
èjiká
pirštas
ìka
veidas
ojú
smakras
àgbọ̀n
plaštaka
ọwọ́
koja
ẹsẹ̀
krūtinė
ọyàn
ranka
apá

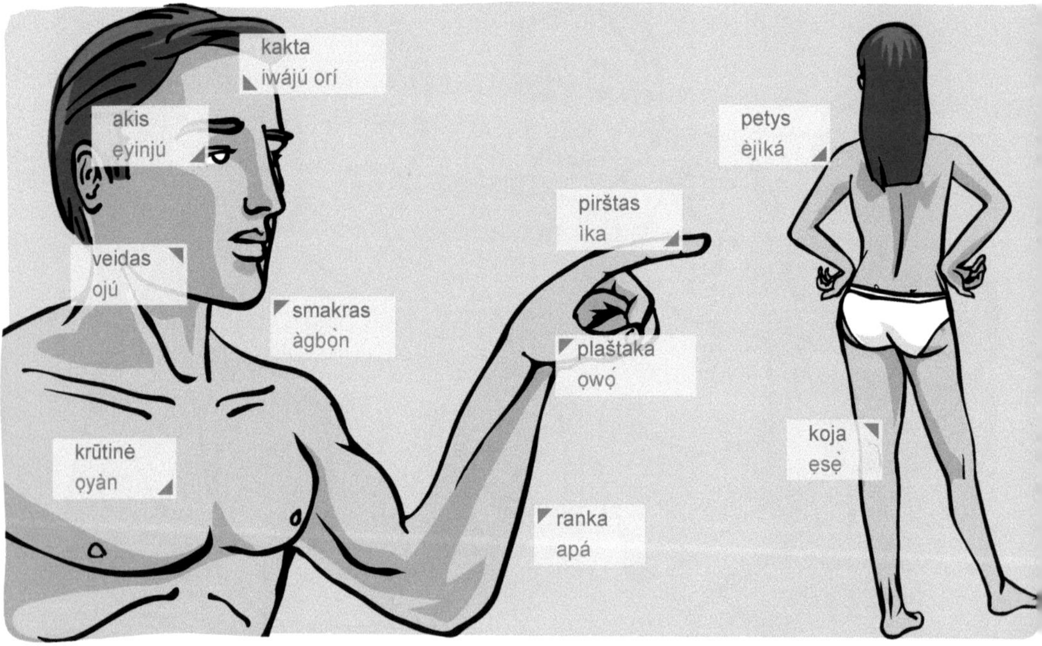

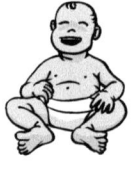

kūdikis

ọmọdé

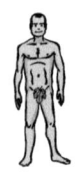

vyras

ọkùnrin àgbà

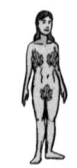

moteris

obìnrin àgbà

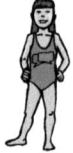

mergaitė

obìnrin

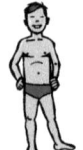

berniukas

ọkùnrin

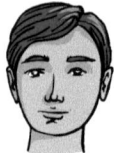

galva

orí

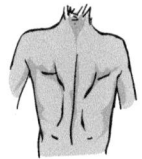

nugara

ẹ̀yìn

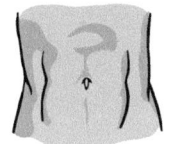

pilvas

inú

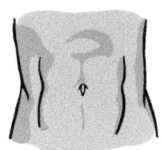

bamba

ìdodo

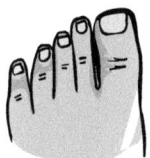

kojos pirštas

ìka ẹsẹ̀

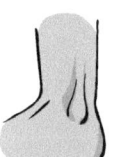

kulnas

ẹ̀yìn ẹsẹ̀

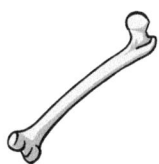

kaulas

egungun

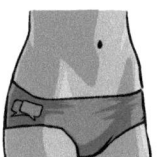

klubas

ìbàdí

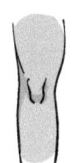

kelis

orúnkún

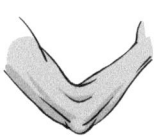

alkūnė

ìgúpá

nosis

imú

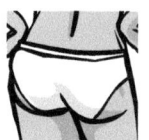

sėdmenys

ìdí

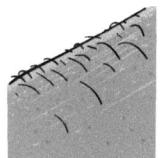

oda

awọ

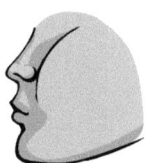

skruostas

ẹ̀rẹ̀kẹ́

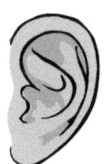

ausis

etí

lūpa

ètè

burna

ẹnu

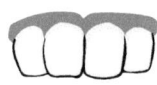

dantis

eyín

liežuvis

ahọ́n

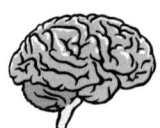

smegenys

ọpọlọ

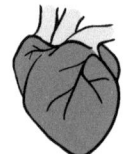

širdis

ọkàn

raumuo

iṣan

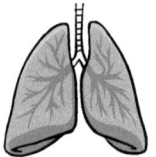

plaučiai

ìfun

kepenys

ẹ̀dọ̀

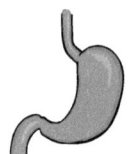

skrandis

ikùn

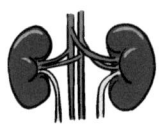

inkstai

kíndìrín

seksas

ìbálòpọ̀

prezervatyvas

rọ́bà àbọ̀

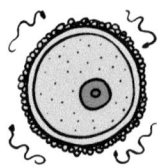

kiaušialąstė

ofumu

sperma

àtọ̀

nėštumas

oyún

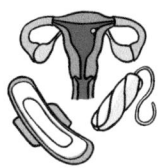

menstruacijos

ṅkan oṣù

makštis

òbò

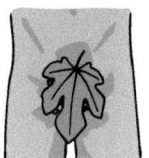

varpa

okó

antakis

ìpénpéjú

plaukai

irun

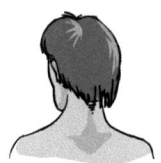

kaklas

ọrùn

ligoninė
ilé ìwòsàn

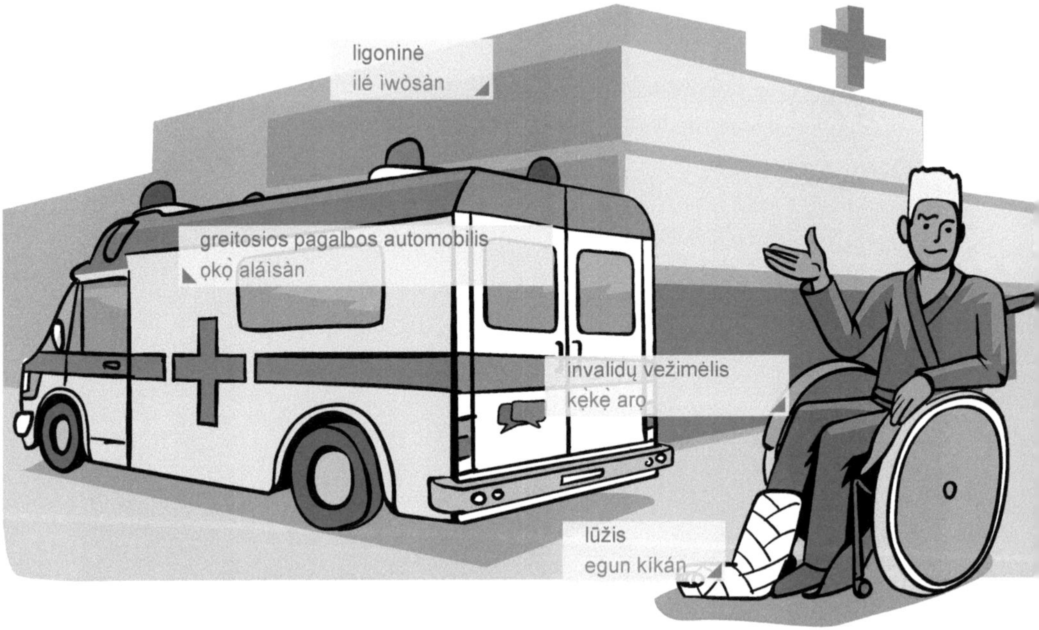

ligoninė
ilé ìwòsàn
greitosios pagalbos automobilis
ọkọ̀ aláìsàn
invalidų vežimėlis
kẹ̀kẹ̀ arọ
lūžis
egun kíkán

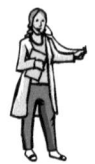

gydytojas

dókítà

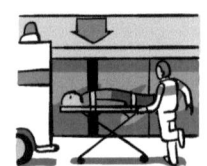

skubios pagalbos skyrius

yàrá pàjáwìrì

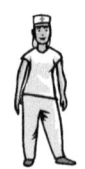

slaugytoja

nọ́ọ̀sì

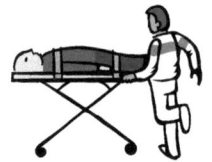

nelaimingas atsitikimas

pàjáwìrì

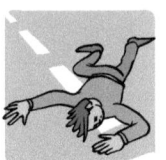

be sąmonės

dákú

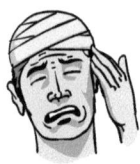

skausmas

ìrora

sužalojimas

egbò

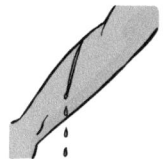

kraujavimas

ẹ̀jẹ̀ dídà

širdies smūgis

àìsàn ọkàn

insultas

rọpárọsẹ̀

alergija

àlébù ògùn

kosulys

ikọ́

karščiavimas

ibà

gripas

ọ̀finkìn

viduriavimas

ìgbẹ́ gburu

galvos skausmas

ẹ̀fọrí

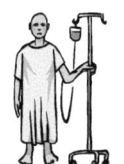

vėžys

jẹjẹrẹ

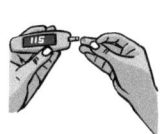

diabetas

ìtọ̀ ṣúgà

chirurgas

alábẹ

skalpelis

abẹfẹ́lẹ́

operacija

iṣẹ́ abẹ

KT

CT

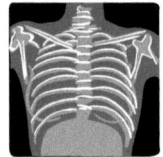

rentgenas

x-ray

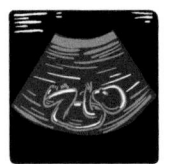

ultragarsas

ọtirasandi

veido kaukė

aṣọ ìbòjú

liga

àrùn

laukiamasis

yàrá ìdúró

ramentas

ọpá

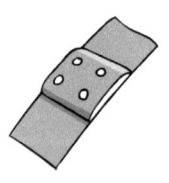

gipsas

àlẹ̀mọ́

tvarstis

aṣọ àfiwé

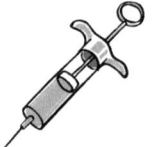

injekcija

abẹ́rẹ́

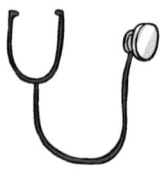

stetoskopas

àyẹ̀wò ẹ̀émì

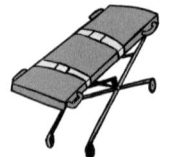

neštuvai

àtẹ aláìsàn

termometras

ẹ̀rọ ìwọ̀n oru ilé ìwòsàn

gimimas

ìbí

antsvoris

ìsanrajù

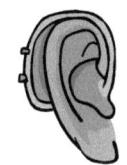

klausos aparatas

ẹ̀rọ àfigbọ́rọ̀

dezinfekavimo priemonė

apa kòkòrò

infekcija

àkóràn

virusas

kòkòrò

ŽIV / AIDS

Àrùn HIV / AIDS

vaistas

ògùn

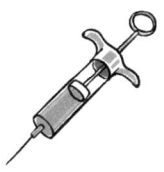

skiepijimas

àjẹsára

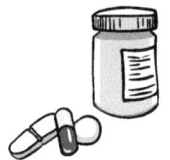

tabletės

tabulẹti

piliulė

ògùn

skubios pagalbos numeris

ìpè pàjáwìrì

kraujospūdžio matuoklis

atọpinpin ẹ̀jẹ̀ ríru

ligotas / sveikas

àìsàn / lera

Padėkite!

Ìrànlówọ!

pavojaus signalas

ìtanijí

užpuolimas

ìluni

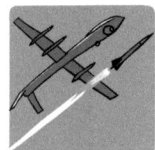

ataka

ìdójukọ

pavojus

ewu

avarinis išėjimas

ìjáde pàjáwìrì

Gaisras!

Iná!

gesintuvas

panápaná

nelaimingas atsitikimas

ìjàmbá

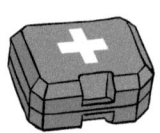

pirmosios pagalbos rinkinys

àpótí ìtọ́jú aláìsàn

SOS

SOS

policija

ọlọ́pàá

Europa

Yuropu

Šiaurės Amerika

North Amerika

Pietų Amerika

South Amerika

Afrika

Afirika

Azija

Esia

Australija

Ǫsirelia

Atlanto vandenynas

Atlantic

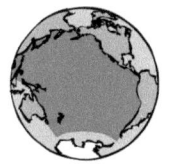

Ramusis vandenynas

Pacific

Indijos vandenynas

Indian Ocean

Pietų vandenynas

Antarctic Ocean

Arkties vandenynas

Arctic Ocean

Šiaurės ašigalis

Òpó Ìlà Òrùn

Pietų ašigalis

Òpó Ìwọ̀ Òrùn

Antarktida

Antarctica

Žemė

Ayé

sausuma

ilẹ̀

jūra

òkun

sala

erékùsù

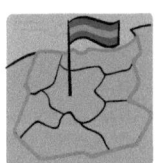

tauta

orílẹ̀-èdè

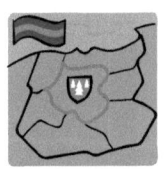

valstybė

ìpínlẹ̀

ciferblatas

ojú aago

valandinė rodyklė

ọwọ́ wákàtí

minutinė rodyklė

ọwọ́ ìṣẹ́jú

sekundinė rodyklė

ọwọ́ ìṣẹ́jú àáyá

Kiek valandų?

Kínni aago sọ?

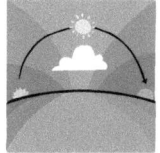

diena

ọjọ́

laikas

àkókò

dabar

báyìí

skaitmeninis laikrodis

aago onínọ́mbà

minutė

ìṣẹ́jú

valanda

wákàtí

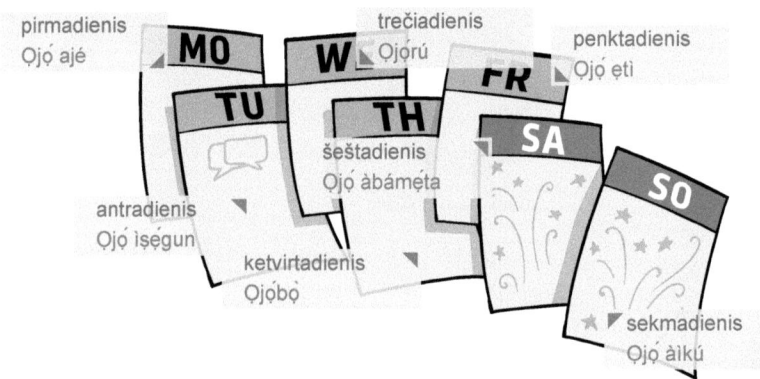

pirmadienis
Ojọ́ ajé

antradienis
Ojọ́ ìsẹ́gun

trečiadienis
Ojọ́rú

ketvirtadienis
Ojọ́bọ̀

šeštadienis
Ojọ́ àbámẹ́ta

penktadienis
Ojọ́ ẹtì

sekmadienis
Ojọ́ àìkú

vakar
àná

šiandien
òní

rytoj
ọla

rytas
àárọ̀

vidurdienis
ọ̀sán

vakaras
ìrọ̀lẹ́

MO	TU	WE	TH	FR	SA	SU
1	2	3	4	5	6	7
8	9	10	11	12	13	14
15	16	17	18	19	20	21
22	23	24	25	26	27	28
29	30	31	1	2	3	4

darbo dienos
àwọn ojọ́ ìsẹ́

MO	TU	WE	TH	FR	SA	SU
1	2	3	4	5	6	7
8	9	10	11	12	13	14
15	16	17	18	19	20	21
22	23	24	25	26	27	28
29	30	31	1	2	3	4

savaitgalis
ìparí ọ̀sẹ̀

metai
ọdún

lietus
òjò
vaivorykštė
òṣùmàrè
sniegas
yìnyín
vėjas
afẹ́fẹ́
pavasaris
ìgbà otútù díẹ̀
ruduo
ìgbà oru díẹ̀
vasara
ìgbà oru
žiema
ìgbà otútù

4.APRIL 11°
5.APRIL 4°
6.APRIL 13°
7.APRIL 8°
8.APRIL 10°

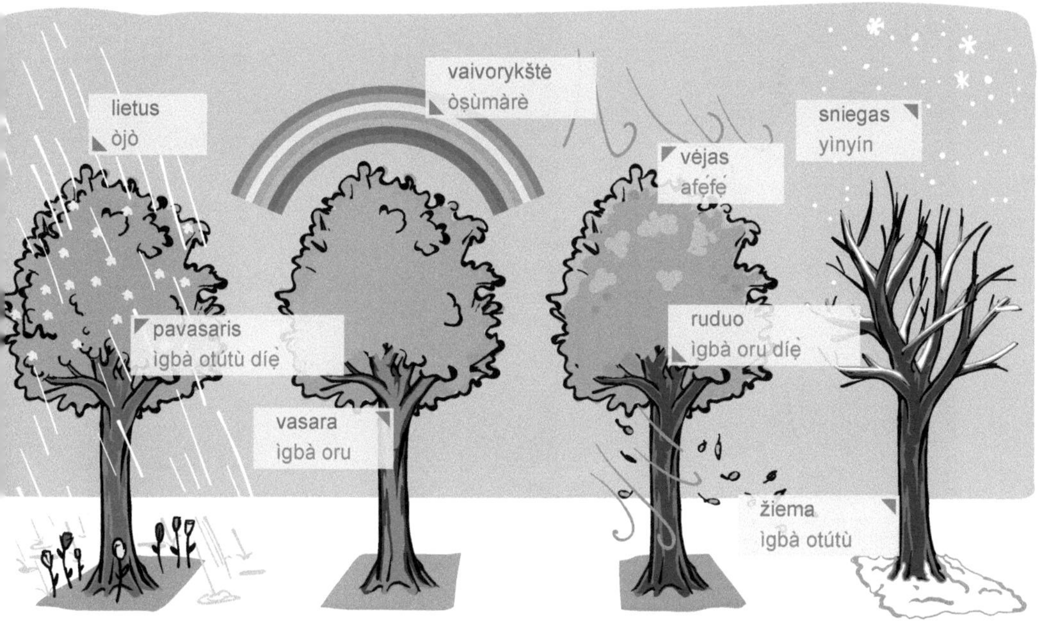

orų prognozė

ìsọtẹ́lẹ̀ ojú-ọjọ́

F C
120 40
90 30
60 20
30 10
0 0
-30 -10
-20

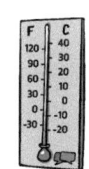

lauko termometras

ẹ̀rọ ìwọ̀n oru

saulės šviesa

ìtànsán òrùn

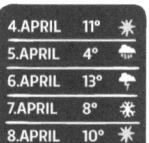

debesis

òfurufú

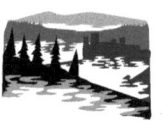

rūkas

ọ̀pọ̀lọ́

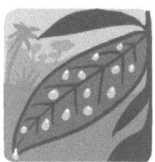

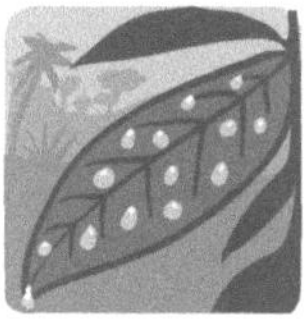

drėgmė

ọ̀gìnniti

žaibas

iná

griaustinis

àrá

audra

ìjì

kruša

kùrukùru

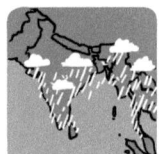

musonas

afẹ́fẹ́

potvynis

àgbàrá

ledas

omi dídì

sausis

Oṣù kínní

vasaris

Oṣù kejì

kovas

Oṣù kẹẹ̀ta

balandis

Oṣù kẹẹ̀rin

gegužė

Oṣù kaàrún

birželis

Oṣù kẹfà

liepa

Oṣù keèje

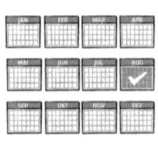

rugpjūtis

Oṣù keèjọ

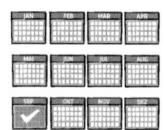

rugsėjis

Oṣù kẹẹ́sán

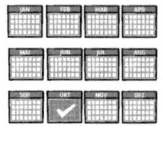

spalis

Oṣù keẹ̀wá

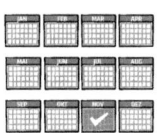

lapkritis

Oṣù kọ̀kànlá

gruodis

Oṣù kejìlá

formos

àwọn ìrísí

apskritimas

róbótó

kvadratas

onígun mẹ́rin dọ́gba dọ́gba

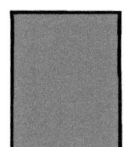

stačiakampis

onígun mẹ́rin

trikampis

onígun mẹta

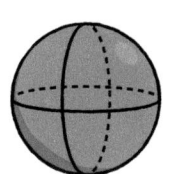

sfera

sifia

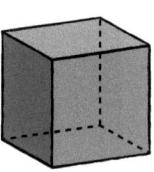

kubas

kubu

balta

funfun

geltona

yẹlo

oranžinė

olómi ọsàn

rožinė

pinki

raudona

pupa

violetinė

pọpu

mėlyna

bulu

žalia

aláwọ̀ ewé

ruda

buranu

pilka

rẹsúrẹsú

juoda

dúdú

daug / mažai

ọ̀pọ̀ / níwọnba

piktas / ramus

bínnú / farabalẹ̀

gražus / bjaurus

rẹwà / òbùrẹwà

pradžia / pabaiga

bíbẹ̀rẹ̀ / òpin

didelis / mažas

ńlá / kékeré

šviesus / tamsus

mọ́lẹ̀ / dúdú

brolis / sesuo

arákùnrin / arábìnrin

švarus / purvinas

mímọ́ / dọ̀tí

užbaigtas / neužbaigtas

parí / àìparí

diena / naktis

ọjọ́ / alẹ́

miręs / gyvas

kú / àyè

platus / siauras

fẹ̀ / tínrín

valgomas / nevalgomas

jíjẹ / àìlèjẹ

piktas / malonus

ibi / dára

linksmas / nuobodus

dunnú / sísú

storas / plonas

tóbi / tínrín

pirmiausia / paskiausia

àkọ́kọ́ / ìgbẹyìn

draugas / priešas

ọ̀rẹ́ / ọ̀tá

pilnas / tuščias

kún / ṣófo

kietas / minkštas

le / rọ̀

sunkus / lengvas

wúwo / fúyẹ́

alkis / troškulys

ebi / òhùngbẹ

ligotas / sveikas

àìsàn / lera

nelegalus / legalus

tàpá sófin / bá òfin mu

protingas / kvailas

ọlọ́gbọ́n / òmùgọ̀

kairė / dešinė

òsì / ọ̀tún

arti / toli

tòsí / jìnnà

naujas / naudotas

tuntun / àlòkù

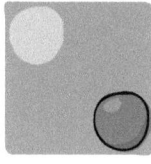

niekas / kažkas

àìsí nkan / níní nkan

senas / jaunas

arúgbó / ọ̀dọ́

įjungta / išjungta

tàn / kú

atidaryta / uždaryta

ṣí / padé

tylus / garsus

dákẹ́ / pariwo

turtingas / vargšas

lọ́rọ̀ / tòsì

teisus / neteisus

tọ̀nà / àìtọ̀nà

šiurkštus / švelnus

àìdán / dán

liūdnas / laimingas

banújẹ́ / dunú

trumpas / ilgas

kúrú / gùn

lėtas / greitas

lọ́ra / yára

drėgnas / sausas

tutù / gbẹ

šiltas / šaltas

lọ́wọ́rọ́ / otútù

karas / taika

ogun / àlàfíà

0

nulis

òdo

1

vienas

méní

2

du

méjì

3

trys

mẹ́ta

4

keturi

mẹ́rin

5

penki

márùún

6

šeši

mẹ́fà

7

septyni

méje

8

aštuoni

mẹ́jọ

9

devyni

mẹ́sàán

10

dešimt

mẹ́wàá

11

vienuolika

mọ́kànlá

12

dvylika
méjìlá

13

trylika
mẹ́tàlá

14

keturiolika
mẹ́rìnlà

15

penkiolika
mẹdogun

16

šešiolika
marundinlógún

17

septyniolika
mẹ́tàdínlógún

18

aštuoniolika
méjìdínlógún

19

devyniolika
mọ́kàndínlógún

20

dvidešimt
ogún

100

šimtas
ọgọrùún

1.000

tūkstantis
ẹgbẹ̀rún

1.000.000

milijonas
miliọnu

anglų
Gẹẹsì

amerikiečių anglų
Gẹẹsì Ilẹ Amẹríkà

kinų (mandarinų)
Mandarini Ṣaina

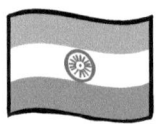

hindi
Hindi

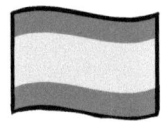

ispanų
Sipaniṣi

prancūzų
Faransé

arabų
Lárúbáwá

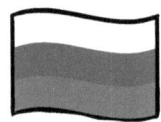

rusų
Rọṣia

portugalų
Pọtugi

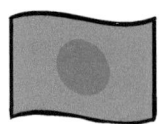

bengalų
Bẹngali

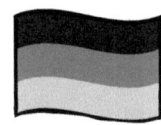

vokiečių
Jamani

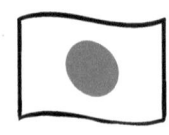

japonų
Japanisi

aš

Èmi

tu

ìwọ

jis / ji

ọkùnrin / obìnrin / nkan

mes

àwa

jūs

ìwọ

jie

àwọn

kas?

tani?

ką?

kínni?

kaip?

báwo?

kur?

níbo?

kada?

nígbà wo?

vardas

orúkọ

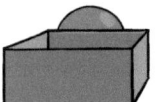

už
....
lẹ́yìn

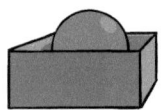

kur (vieta)
....
inú

priešais
....
níwájú

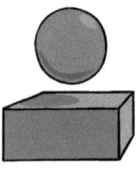

virš
....
lókè

ant
....
lórí

po
....
lábẹ́

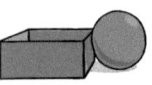

prie
....
lẹ́gbẹ̀ẹ́

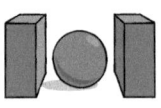

tarp
....
láàrín

vieta
....
ibi